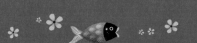

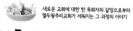

새로운 교회에 대한 한 목회자의 갈망으로부터
열두광주리교회가 세워지는 그 과정의 이야기

열두광주리
교회 개척 이야기

오대희 목사 지음

초판 1쇄 인쇄 2012년 1월 11일
초판 1쇄 발행 2012년 2월 15일

지은이 • 오대희
펴낸이 • 양우식
펴낸곳 • 도서출판 해피데이

주 소 • 서울특별시 금천구 독산동 1000-7
전 화 • 02-895-7731
팩 스 • 02-892-7247
등 록 • 제18-154호 2004. 1. 12

저작권자 @2012 오대희
이책의 저작권은 저자에게 있습니다.
서면에 의한 저자의 허락없이 내용의 일부를
인용하거나 발췌하는 것을 금합니다.

ISBN 978-89-91078-25-3

*잘못된 책은 바꾸어 드립니다.

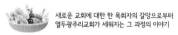

새로운 교회에 대한 한 목회자의 갈망으로부터
열두광주리교회가 세워지는 그 과정의 이야기

열두광주리
교회 개척 이야기

오대회 목사 지음

이 책은 개척을 준비하고자 하는 마음이 생기면서부터 교회개척을 시작한 시점까지 매일 쓴 일기를 모아 만든 책이다. 나의 지극히 개인적이며 심리적인 변화와 고뇌들이 책으로 만들어질 가치가 있는가에 대해서는 솔직히 나도 의문이 있지만, 나의 주변에 나를 사랑하는 많은 사람들에게 교회가 세워지게 되는 과정을 일일이 말로 다 설명할 수 없는 한계로 글을 통해 설명 드리고자 출간을 하게 되었다.

이 책이 만들어지게 된 계기는 간단하다. 앞서 언급했듯이 교회를 개척하는 것이 정말 하나님께서 기뻐하시는 일일까라는 기본적인 질문에서부터 시작하여 매일 일기형태로 나의 마음들을 기록해 둔 자료들이 남아 있었고, 주변에 나를 사랑하는 분들이 계속해서 개척에 대해 물어올 때 이들에게 내 이야기를 책으로 소개하는 것이 좋겠다고 생각되었기 때문이다. 무엇보다도 결정적인 것은 해피데이 양우식집사님께서 나의 개척 준비를 위해 기쁨으로 돕기를 원하셨는데, 책을 무료로 만들어 기부해 주시기로 하셨다. 양 집사님에게 진심으로 감사드린다. 이분의 기쁜 헌신이 없었다면 이 책은 나오지 않았을 것이다.

이 책은 총 3부로 구성되어 있다. 1부는 교회가 개척되기까지의 삶을 나누고 있으며, 2부는 우리교회가 지향하고자 하는 방향성에 대해서 말하고 있으며, 3부는 이제까지 썼던 신앙칼럼을 수록하였다. 이 책을 통해서 기대하는 바는 다음과 같다.

첫째, 교회 개척을 염두에 두고 준비하는 동료, 후배 목사님들이 계신다면 나의 작은 경험들이 그분들에게 중요한 도움이 되길 소망한다. 나는 개척을 준비하면서 개척 후 자립한 30여개의 교회를 방문했으며 개척에 성공하신 분, 그리고 실패하신 분들의 경험과 이야기를 들었다. 그리고 내가 직접 그 길을 가면서 느끼는 감정적인 변화를 참 많이 경험했다. 이 책이 지푸라기라도 잡고자하는 심정으로 개척을 준비하는 분들에게 도움이 되길 바란다.

둘째, 나를 사랑하고 귀하게 여겨주시는 분들에게 일일이 모든 것을 다 이야기 할 수 없었는데 글을 통해서 나의 마음을 나눌 수 있게 된 것을 기쁘게 생각한다. 또한 나와 함께 교회 설립을 시작하는 우리 성도들에게 나의 그동안의 마음을 나눌 수 있음을 기쁘게 생각한다.

셋째, 교회의 설립은 혼자 하는 것이 아니다. 기도로 물질로 여러 모양으로 헌신하며 도우신 분들이 있었기에 가능한 것이다. 나에게 크신 사랑을 베풀어주신 분들에게 감사의 뜻을 전할 수 있는 기회가 된 것에 대해 감사드린다.

열두광주리교회는 새로남교회의 기도와 지원을 통해 세워지게 되었다. 새로남교회 오정호목사님과 사모님, 동료 교역자, 장로님 그리고 성도님들께 감사드린다. 지난 만 7년간의 목회 사역은 내 평생을 두고도 나의 사역의 최고의 전성기를 구가했다고 해도 과언이 아닐 것이다. 너무나 융숭한 대접을 받았고, 너무나 귀하게 존중함을 받았다. 무엇보다도 담임목사님을 통해 제자훈련정신과 정도목회, 목양일념의 정신을 배울 수 있었음에 무한 감사드리며, 교회 개척과 설립에 큰 도움과 지원을 해 주신 것에 대해 감사드린다.

나에게 기도와 물질로 은혜를 베푸신 분들을 일일이 열거하자만 이 책의 전부를 할애해도 부족할 것이다. 한 사람이 잘되기 위해서는 이름 없이 빛도 없이 돕는 수많은 사람이 있어야 비로소 가능하다는 것을 배우게 된다. 새로남교회에 몸담고 있는 동안 나와 우리가족이 힘들고 어려울 때마다 도와주고 용기를 주며 격려해준 성도님들께 진심으로 머리 숙여 감사를 드린다. **이 책을 나의 초기 사역에 도움을 주신 분들께 헌정한다.**

이제까지 받은 은혜를 나도 앞으로 베풀면서 나누면서 살아가는 사역자가 되고자 한다. 나와 함께 새로운 교회사역을 시작하는데 동참한 사랑하는 열두광주리교회 성도들에게 사랑과 감사를 전한다. 주님 오시는 그날까지 함께 비전을 공유하여 아름다운교회를 세워 갔으면 좋겠다.

모든 영광을 하나님께 올려드리며, 지금의 내가 있게 된 것 역시 하나님의 은혜임을 고백한다. 지금까지 나를 인도하시고 보호하신 주님께서 개척자로 나가는 나의 미래에도 복을 주시며 잘 되게 하시길 소망한다.

2012년 2월 11일
열두광주리교회 설립예배에 즈음하여
오 대 희 목사

저자서문

| 1부 | 열두광주리교회 개척이야기

과연 어떤 일이 일어날까? _ 18

요즘은 개척이 대세이다 _ 20

신도림의 생수교회 탐방 _ 23

중국 가정교회 탐방 _ 26

사랑누리교회 목사님을 만나다 _ 29

개척교회에는 감동이 있다 _ 32

그래도 난 두렵다 _ 34

왜 개척하냐고 묻는다면 _ 38

좀 더 적게 먹고 살 수 있겠는가? _ 42

열매를 포기할 수 있는가? _ 44

하나님의 뜻을 분별하는 방법들 _ 46

과연 아내는 동의할까? _ 49

과거의 상처가 미래의 발목을 잡다 _ 51

기드온처럼 _ 54

첫 예배, 과연 될까? _ 57

기도밖에 답이 없다 _ 61

배수의 진을 치다 _ 64

꿈꾸는 동안 행복하다 _ 67

아름다운 이름은 보배로운 기름보다 낫고 _ 70

교회의 비전과 핵심가치 _ 74

묻지도 않고 따지지도 않는다 _ 77

어디에서 시작해야 합니까? _ 80

수원으로 결정하기 까지 _ 82

뜻이 있는 곳에 길이 있다 _ 86

함께할 동역자들을 보내 주시다 _ 90

예배처소 구하기 _ 96

요셉의 마음을 배우다 _ 101

열두광주리교회 설립을 위한 기도문 _ 104

광야를 지나 축복의 땅으로 _ 108

개척준비 목사의 주제곡 _ 110

개척교회 목사의 아이들 _ 111

겨울이 오기 전에 _ 114

도곡산 기도원에서 _ 117

사모라는 이름 속엔 눈물이 있습니다 _ 121

내 가슴에 눈물을 흐르게 하는 감사 _ 124

나 하나 꽃 피어 _ 128

비 내리는 수요일 _ 129

올 인 _ 132

환경이 아니라 사람이 변한다 _ 137

점점 커지는 감사 _ 142

두 번째 개척교회 _ 147

성탄에 드리는 아주 멋진 선물 _ 151

| 2부 | 우리가 소망하는 교회

생명력이 넘치는 교회 _ 158

하나님의 임재가 있는 예배 _ 163

복음을 전하는 교회 _ 168

봉사가 기쁨이 되는 교회 _ 172

할 수 있는 한 모든 것을 다 주는 교회 _ 175

날마다 새롭게 태어나는 교회 _ 180

성도들이 행복한 교회 _ 183

콘텐츠가 있는 교회 _ 186

| 3부_칼럼 | 말씀을 따라 사는 삶

하나님께 맡기세요 _ 192

상상을 초월하는 하나님의 응답 _ 196

버팀목 _ 200

아버지의 기도 _ 204

가나안으로 가는 길이 그렇게 쉬웠다면 _ 208

어머니 생각 _ 212

하나님의 선한 의도 찾기 _ 216

열두광주리교회 개척이야기

과연 어떤 일이 일어날까?

어느덧 내 나이 사십대 중반을 넘어서고 있다. 새로남교회 사역 만 7년차에 접어들었다. 내가 원하든 원치 않던 나는 이제 사역적으로 변화를 주어야 하는 시기가 되었다. 아니 솔직히 말하면 조금 늦은 감도 없지 않다. 내가 지금 이 글을 쓰는 시기는 새로남교회에서 사역을 마무리하며 나의 진로를 하나님께 의탁하는 기도를 드리며 그 가능성 중의 하나로 개척교회를 염두에 두고 있는 시기이다. 이 글을 다 쓴 이후 어떻게 진행될지는 아무도 모른다. 개척을 하고 있을지 담임목사로 부임하게 되었을지 오직 주님만이 아실 것이다.

사람들에게 교회를 개척하는게 어떻겠느냐고 물으면, 모두들 우려의 목소리를 낸다. 고생한다는 것이다. 그런데 신기한 것은 내 마음에 개척을 생각하면 할수록 가슴이 뛰고 행복감에 젖어 든다. 이 느낌은 무엇일까? 아직 철이 덜 들어 환상과 현실을 구별하지 못하는 미숙함 때문일까? 이렇게 개척을 준비하다가 문득 담임목회지가 정해져서 그곳으로 가게 된다면 이렇게 고민하고 준비하고 생각했던 것들은 다 어떻게 될까? 참 많은 생각들이 오고 간다. 그래서 글을 쓰기로 했다. 하나씩 하나씩 내 속에 있는 것들을 정리해보기로 했다.

누군가가 이 일에 대해 물을 때 더 명확하게 대답할 수 있기 위해서라도 내 생각을 정리하는 것이 필요하다고 생각되었다. 이 글은 미래의 어느 시점에 나에게 두 가지의 의미로 다가 올 것이다. 만일 내가 개척하게 된다면 나와 함께 할 분들과 나를 위해 기도해 주실 분들에게 나의 비전과 생각을 쉽게 설명할 수 있는 책이 될 것이다. 또한 혹시라도 개척을 준비하고자 하는 후배목사님들이 계시다면 작은 도움을 드릴 수도 있을 것이다.

만약에 이 거창한 생각들이 일장춘몽으로 끝나고 단독목회지로 부임되어 간다면 이 글은 그냥 내 인생에 또 다른 일기로 남게 될 것이다.

나는 미래의 문제에 대해서 너무 외골수적으로 이것이 유일한 대안이라고 고집하진 않기로 했다. 하나님의 인도하심에 따르고자 한다. 그리고 개척이 하나님의 인도를 따르는 한 가지 방안이라면 기쁜 마음으로 겸허히 따르고자 한다. 하나님께서 이 일을 기뻐하시고 이루시길 원하신다면 내 마음에 힘을 주시고 또 가는 길을 밝히 보이시는 작은 사인(sign)들을 보여 주시리라 확신한다. 지금도 하나님의 섭리의 손길이 어떤 모습으로 나타나고 있는지 나는 기도하면서 조용히 찾고 있다.

이제 나의 개척에 대한 생각들을 정리해 보고자 한다.

요즘은 개척이 대세이다

총신대학교 올라가는 길에서 언 듯 낯익은 얼굴의 목사님을 만났다. 순간 머뭇거리다가 서로 알고는 있다는 듯 다가섰다.

"저 우리 동기 목사님 맞으시죠?"

신대원에서 함께 공부했던 목사님이었다. 참 오랜만의 만남이었다. 어떻게 지내냐는 말이 떨어지기가 무섭게 명함을 주었다.

"목사님, 저 개척했어요. 지금 은혜로 잘 지내고 있습니다."

그분과 다시 만나기로 약속하고 헤어졌다. 나중에 동기목사님의 교회를 방문하여 교제하는 시간이 있었다.

예전에 친하게 지냈는데 오랫동안 연락되지 않았던 동기목사님이 있다. 어떻게 지내는지 궁금해서 수소문해서 전화를 걸었다.

"어떻게 지내?" 반가움에 소식을 전한다.

"응, 나 지금 하남에 개척 준비하고 있어"

모두들 개척을 준비하고 있었다. 또 아는 다른 목사님은 몇 달 전에 개척하게 되어 약간의 도움이 필요하다고 하셔서 도와 드렸다. 지금 내 주변의 동료목사님들은 거의 개척을 했거나 준비 중에 있거나 둘 중에 하나이다. 벌써 열 손가락이 넘어섰다. 이들은 왜 개척을 하는 걸까? 그런데 이제는 이 질문은 곧 나에 대한 질문이 되었다.

나는 남을 돕기를 좋아한다. 특히, 어려운 목회자들이나 그의 자녀들을 보면 마음에 꼭 도와야 할 것만 같은 사명감이 느껴질 때가 많다. 그래서 동기들이 개척한 교회를 비롯해서 여러 교회들을 방문하여 교제하고 식사 접대하고 격려해 드리는 시간을 갖기로 했다. 그런데 이 분들을 만나면서 내 마음에 또 다른 희망과 가능성을 발견하게 되었다. 내가 생각했던 것처럼 어렵고 구질구질하게 살고 있는 것이 아니라 얼굴이 밝으며 참 평안해 보였고 영혼구원의 소중함에 대한 간증을 들을 때마다 우리가 얼마나 함께 기뻐했는지 모른다. 물론 이야기를 하지 않았겠지만 경제적으로 왜 힘들지 않겠는가? 바보가 아닌 다음에는 짐작이 가고도 남는다. 그러나 내가 만난 개척하신 분들은 모두 밝고 행복해보였다. 그리고 나누는 이야기를 들으면서 내 가슴이 뛰는 것을 여러 번 느꼈다. 목회자로서 이렇게 사는 것도 참 좋고 행복하겠다는 생각이 들기 시작했다.

지금 내가 이 글을 쓰고 있는 시점은 한국교회가 사회로부터 큰 질타를 당하고 있다. 소위 대형교회 그것도 우리교단의 소장파 목사님으로 주목받던 몇 몇 분들이 어려운 문제로 사임하는 일이 연일 보도되고 한기총과 교단정치하시는 분들은 금권선거로 연일 시끄럽고 어떤 분들은 역사 이래 개신교가 가장 타락한 순간이 지금이라고까지 말씀하고 있다. 이런 기사를 보면 가슴이 답답해지고 한동안 우울했는데 개척하신 동기 목사님들을 보면서 어쩌면 한국교회의 새로운 희망은 개척교회가 아닐까에 대한 생각이 들었다.

나는 바보가 아니다. 개척시대가 지났다는 말도 공감하고 땅값이 너무 올라 성도들에게 주는 부담감이 클 것이라는 것도 알고 있으며 성도들은 대형교회를 선호할 수밖에 없다는 사실도 잘 알고 있다. 그럼에도 불구하고 내가 만난 개척교회 목사님들은 나에게 새로운 희망을 말해주는 것 같았다. 그래서 이분들을 뵙고 돌아올 때면 마음이 흐뭇해지고 행복해짐을 여러 번 느꼈다. 어쩌면 이 시대에 한국교회가 다시 한번 새로워 질 수 있는 대안이 지금 열심히 자라고 있는 개척교회들이 될 것이라는 생각을 해 보게 되었다.

신도림의 생수교회 탐방

목회의 세계에도 출중한 난 사람들이 있다. 본인들은 아니라고 할지 모르지만 누가 봐도 이름만 들어도 목회에 탁월한 소위 난 사람들이 있다. 내가 방문한 신도림의 생수교회 이성헌목사님도 목회를 위해 태어난 사람이라는 생각이 든다. 이 목사님은 대학시절부터 잘 알고 지내던 1년 선배이다. 그러나 신대원기수는 나보다 한참 높아 목회현장에서는 대선배이다. 이분에게는 목회적으로 참 배울 것이 많다. 월요일 점심때 만나 식사를 하고 교회를 돌아보고 목회에 대해 한 수 배우는 시간을 가졌다.

이분은 개척한지 2년이 되어 가는데 벌써 200명 이상 출석하고 있었고 이미 몇 개의 다른 교회를 돕고 있었다. 잘되는 집에는 분명히 거기에 합당한 근거가 있다. 나는 그것을 배우러 그날 갔었다.

이분이 목회를 잘하는 여러 가지 이유가 있는데 일단 성실하시다. 한번 한 것은 끝까지 하는데 개척하고부터 매일 주변 도로의 담배꽁초 줍기를 시작했는데 지금도 계속하고 있으며 이 모습을 보고 등록한 성도도 있다고 한다. 개척한 장소는 재개발지역 안에 있는 건물을 임대해서 다 수리해서 완전 새 건물로 만들어 놓았다. 이 지역은 앞으로 3년 뒤에 재개발되기 때문에 주인이 건물에 더 투자하지 않아 저렴하게 임대하여 예배드릴 수 있게 되었다. 재개발지역인 관계로 주변에 교회도 없고 여러 가지로 유익한 점이 많았다.

빈 건물 한 층을 빌려 예배실로 사용하면서 시작한 교회가 이제는 4층 전 층을 빌리고 내가 방문했을 때는 지하를 공사해서 식당으로 만들고 있었다. 교회로서 아주 필요적절하게 잘 꾸며 놓은 것을 보게 되었다. 본인은 담임목회를 몇 년 한 것이 개척에 큰 도움이 되었다고 했다. 담임목사로 사역을 해본 경험은 앞으로 교회가 어떻게 자라가야할지에 대한 방향성을 명확히 알기 때문에 시행착오를 줄일 수 있고 교회의 본질적인 사명을 더욱더 분명하게 진행할 수 있기 때문이다.

이분은 심방에 탁월하시다. 예전에 부교역자로 있을 때는 군부대, 지방까지 심방을 다니기로 유명했다. 하나님에 대한 헌신이 탁월했다. 교회를 옮기고 나서 이전교회에서 받은 퇴직금을 모두 헌금했다고 했다. 헌신하기를 좋아하는 목회자가 부흥을 이룬다는 사실을 여실히 보았다. 본인이 헌신하니 성도들도 따르고 그 열정이 그대로 전달되는 듯 했다.

돌아오는 길에 내가 개척을 한다고 해도 이 목사님처럼 부흥하진 못할 것 같다는 생각이 들었다. 그러나 먼저 모든 그림을 그려 놓은 상태에서 시작하는 것, 성실하게 꾸준히 한 우물을 파는 것, 먼저 모범된 헌신을 보이는 것 등 참 많은 것을 배우고 돌아왔다.

중국 가정교회 탐방

중국에서 가정교회를 지도하시는 분들에게 목회행정에 대해서 강의를 해 줄 수 있냐는 요청을 받았다. 이분들이 교회를 개척하고 교회가 진행되어가지만 교회를 어떻게 운영해야하는지에 대한 방법들을 모르기 때문에 목회행정과 심방에 대해서 강의해 달라는 요청이었다. 교회에서 허락해 주셔서 일주일간 이 지역을 방문하여 교회전반에 대한 강의를 하며 교제할 수 있는 시간이 있었는데 큰 감동을 받고 돌아왔다. 첫째는 나 자신이 교회운영과 목회행정에 대해서 정리할 수 있는 시간이었고, 두 번째는 거기 계신 중국 목사님의 사역 현장을 돌아보는 기회가 되었다.

이분은 교회를 개척한지 6년 정도 되었는데 중간에 여러 번 공안에 잡혀갔다 왔고 교회도 여러 번 옮겼다. 내가 갔을 때는 200명 정도가 모였고 임대한 건물이지만 교회, 교육관, 사무직원, 부교역자까지 규모를 갖추고 있었다. 중국에서는 교회나 종교단체가 몇 명이 모이느냐에 따라 문책당하는 직급이 결정된다고 했다. 그래서 정부에서 더 크지 못하게 해서 결국은 가정교회를 계속 나누어 성장하는 쪽으로 선택했다. 이분의 헌신과 교회가 부흥하는 모습들을 보면서 가슴이 참

뜨거워졌다. 마치 초창기 한국교회의 부흥사를 보는 듯 했다.

과연 나에게 주님을 향한 저런 열정이 있는 가를 생각해 보게 되었다. 교회가 문 닫고 감옥 갔다 오기를 여러 차례 반복하면서 교회가 계속 성장할 수 있었던 것은 사역자의 주님 사랑하는 열정 외에는 달리 설명할 길이 없었다. 그분은 이런 문제에 대해 별로 크게 생각하지 않고 있었다. 감옥가면 또 갔다 오면 되는 것이고 또 갔다 와서 또 사역하면 되는 것 아니냐는 아주 단순한 사고를 가지고 있었다. 나는 그분이 미래에 그 지역에 책임 있는 교회를 돕는 교회로서의 역할을 담당해주길 요청하며, 앞서가는 목회행정에 대한 것들을 아낌없이 가르쳐주었다.

그 방문 이후에 교회지도자들 10여명을 데리고 새로남교회를 방문하셨다. 한국교회탐방은 그 교회성도들에게 새로운 열정을 불러 일으켰다.

"교회가 부흥해야 한다는 말은 들었지만 얼마나 커질 수 있는가에 대해서는 감이 오지 않았는데 여기 와서 보니까 교회도 이렇게 클 수 있다는 생각으로 큰 도전을 받았습니다."

함께 온 평신도 지도자가 말했다. 이 방문이 그 지역교회에도 큰 유익이 있을 것이라 생각된다.

중국의 그 목사님의 마음과 열정으로 사역하면 한국에서도 못할 것이 무엇이 있겠는가라는 생각이 들었다. 감옥가면 가고 교회 없어지면 또 하면 되고 큰 문제 같은 것을 아주 쉽고 간단하게 생각하고 사역하는 목사님의 사역을 보면서 내가 너무 내 몸을 사리고 있다는 것을 깨달았다. 사실 큰 교회에 있으면 좋은 점은 여러 면에서 탁월함과 세련된 목회 노하우를 배우고 존중받게 되지만 한편으로 자꾸 보신주의로 흐르는 것을 느끼게 된다. 중국 사역자들을 만나고 나서 내 가슴이 뜨거워지기 시작했다.

사랑누리교회 목사님을 만나다

교회갱신협의회 수련회에 참석했다 영통에 위치한 사랑누리교회 이문범목사님 내외분을 만났다. 온화하고 평온해 보이는 목사님 부부를 뵈면서 마음이 참 기뻤다. 이 목사님은 이스라엘에서 공부하신 성경지리에 전문가로 총신에서도 신학생들을 가르치시는 분이시다. 오랜 친구가 성지순례전문 여행사인 두루 투어에서 사역하고 있어 성경지리에 대한 고증을 이 목사님께 받았다. 나는 이 친구를 통해 이 분들과 교제하게 되었다.

이 분들은 수원 영통에 교회를 개척하여 사랑누리교회를 섬기고 계신다. 이 목사님을 통해 교회개척의 시작으로부터 경험적인 이야기를 많이 듣게 되었다. 영통지역은 아파트 단지가 많이 들어왔고, 개발된 지역이어서 작은 규모로 시작해서는 교회가 자립하기가 무척 힘든 곳이다. 그래서 그 지역의 교회는 규모가 크거나 아주 작거나 둘 중에 하나라고 했다. 그런데 이 분들의 교회는 그 중간 사이즈로 존재하고 있으며, 이것 역시 하나님의 은혜라고 했다.

교회개척에는 반드시 하나님의 은혜가 따른다고 말씀해 주셨다. 목사님은 계획을 가지고 개척을 시작한 것이 아니라, 갑작스럽게 개척을 시작하게 하게 되었다고 했다. 아무것도 모르고, 아무것도 준비되지 않은 상태에서 개척을 했는데, 개척하고 처음 예배드리는 날, 그 지역에 사시는 전혀 모르는 분들이 몇 몇 분들이 예배에 참석하셨다고 했다. 교회 리모델링하는 모습들을 유심히 지켜보시던 분들이 그날 첫 예배에 참석해 주셨고, 첫 날부터 성도가 어느 정도 모인 상태에서 예배를 드리게 되었고 하셨다. 개척 초기에는 신기한 은혜들이 많았다고 하셨다.

한번은 그 지역에서 교회를 먼저 개척하여 20여명으로 성장한 교회 목사님께서 담임목사로 가게 되었다면서 자신의 교회 성도들을 목사님 교회로 모두 보내 주셨다고 했다. 그 목사님은 사역 이동을 앞두고 생각하다가 기존 교회보다는 갓 개척하여 성도가 전혀 없는 교회로 성도들을 보내면 좋을 것으로 판단하셨는지, 이 교회로 성도들을 모두 소개하고 연결시켜 주셨다고 했다. 성도들이 모두 다 이동 정착한 것은 아니며, 어떤 이들은 목사님의 연락도 받지 않고, 어떤 이들은 왔다가 떠난 분도 계셨지만, 인근의 목사님께서 성도들 전체를 갓 개척을 시작한 교회에 보내주시는 것은 개척교회 입장에서는 상상할 수 없는 은혜이기도 했다.

이런 일들이 개척초기에 많았으며, 하나님께서 도우시고, 은혜를 부어주시는 것을 눈으로 확인할 수 있었다고 하셨다.

하나님의 은혜는 늘 우리의 생각을 초월해서 임한다는 것을 알고는 있었지만, 개척교회 이야기를 들으면서 교회를 개척했다고 성도들 이런 식으로 보내주는 일은 태어나서 처음 듣는 이야기여서 참으로 신기했다.

이 분들은 개척초기에 목회자는 무엇을 해야 하는지, 사모는 무엇을 해야 하는지, 그리고 성도들은 어떻게 반응하며, 어떻게 전도되어 오는지, 하나님의 은혜는 어떻게 임하는 지 등 경험적인 이야기를 많이 해 주셨다. 분명한 것은 하나님의 말씀대로 살고자 원하며, 하나님께서 원하시는 교회를 세워가고자 힘쓰면 하나님께서 반드시 은혜를 주시고, 그 길을 이끄셔서 이루게 하신다는 것이다.

이 분들의 말씀을 들으면서 만일 내가 개척을 하게 된다면, 하나님께서는 나에게 어떤 은혜로 임하실지에 대한 기대감이 생겼다. 이날 만남 이후에 몇 번의 만남이 있었고, 계속해서 목사님 가정과 교제하게 되었다. 하나님께서 귀하신 분들을 만나게 하시고, 도움을 받게 하시니 참으로 감사하다. 이 후에 사랑누리교회는 수원에서 교회를 설립하기 이전에 첫 모임을 할 수 있도록 장소도 제공해 주셨다. 하나님의 은혜에 감사드리며, 여러 가지 도움을 주신 목사님 내외분께 감사드린다.

개척교회에는 감동이 있다

서울에서 개척하신 목사님께 전화가 왔다. 얼마 전에 설립 예배 때 꽃을 보내 드렸더니 인사차 전화를 하셨다. 목사님은 상당히 긴 시간동안 개척하면서 받은 은혜를 나누셨다. 교회 설립하는 과정 속에서 하나씩 이루어져가는 모습이 너무 신기하고 행복하다고 했다. 장의자 구하는 문제나 성구 구입하는 과정에서 하나님의 개입하심이 너무나 선명하여 설립 멤버들의 마음에 기쁨이 충만하다고 했다.

설립예배 때는 순서에 헌금순서가 없다고 사회자가 와서 말을 했을 때 부담을 드리지 않기 위해서 뺀 것이라고 대답했다고 한다. 그러자 사회자 목사님이 헌금함에 헌금하라고 해서 많은 사람들이 기쁨으로 도움을 주셨다는 이야기도 들었다. 이분도 나와 비슷한 과여서 그런지 다른 사람에게 피해를 주기를 싫어하는 것 같았다. 내가 무엇을 도와줄까를 물을 때에도 기도만 부탁하셨다.

개척초기에 한 자매가 500만원을 헌금했다고 했다. 봉투에는 '두 렙돈을 드립니다.'라고 적혀 있었다고 했다. 이 자매의 어려운 형편을 너무 잘 아는 목사님은 도저히 헌금을 받을 수 없다고 돌려주려고 했다. 그런데 그 자매가 울면서 꼭 받으셔야 한다고 했다. 하나님께 드리고 싶은데 드릴 것이 없어 기도하는데 회사에서 퇴직금을 중간 정산해 주셔서 이것을 드린다고 고백했다고 한다. 부모님이 알면 또 마음 아파하실까봐 부모님에게는 비밀로 해 달라는 부탁까지 했다고 한다. 이 헌금의 소문은 열 명도 채 안 되는 개척 멤버들의 마음에 큰 감동으로 남았다고 한다.

"목사님, 개척하면요, 이런 눈물이 참 많아요. 마치 아기를 낳고 난 이후에 아기가 웃을 때나 한번 뒤집을 때 우리가 웃고 기뻐하잖아요. 이런 기쁨이 우리들에게 날마다 일어나고 있어요." 이런 기쁨은 개척하지 않으면 누릴 수 없는 기쁨이라고 했다. 이분도 대형교회 부목사로 계셨던 분이셨다.

나는 목사님과 통화를 한 이후에 어렵지만 그 길을 가는 자에게 기쁨을 주시는 하나님께 감사드렸다. 그리고 이름을 알 수 없지만 그 자매를 위해 기도드렸다. 오직 하나님의 은혜와 하나님의 크신 믿음의 보상이 있게 해 달라고 기도드렸다. 헌금을 드린다는 것이 꼭 하나님 앞에서 보상을 의미하는 것은 아니겠지만 적어도 두 렙돈의 심정으로 드린 이 자매에게 하나님께서 큰 위로와 물질적인 복도 주시길 기도했다. 그리고 이 교회가 부흥하여 한국교회의 희망과 기쁨이 되길 기도 드렸다.

그래도 난 두렵다

내 속에는 개척에 대한 두려움이 있다. 그리고 개척에 대한 희망도 있다. 이 둘이 공존하고 있다. 무엇이 나로 인해 개척을 두렵게 하는지 한 가지씩 정리해보고자 한다.

첫 번째 두려움은 아무도 오지 않으면 어떻게 해야 하는가에 대한 생각이다. 가끔 다른 개척교회를 방문했을 때 텅 빈 작은 예배당에서 성경책을 읽고 계시는 목사님을 보게 된 적도 있다. 물론 그분은 말씀을 연구하고 세셨겠지만 그 모습과 더불어 내 마음에는 아무도 찾지 않으면 어떻게 하나라는 두려움이 생겼다.

'아무도 날 찾는 이 없는 외로운 이 산장에 단풍잎만 차곡차곡 떨어져 쌓여있네 …' 산장의 여인의 노래가 저절로 떠오른다. 그리고 또 있다.

'해는 져서 어두운데 찾아오는 사람 없어 밝은 달만 쳐다보니 외롭기 한이 없다. …' 현제명님의 고향생각이다. 이 노래가 행여나 나의 주제가가 되면 어떻게 하나라는 염려가 된다.

지금 있는 교회에서는 사람들이 늘 찾아오고 또 나를 만나길 원하고 상담을 하거나 성경공부를 하거나 사역적인 일도 많아서 그런 걱정이 없지만 막상 개척을 하고 아무도 찾는 이 없으면 그때 그 순간들을 어떻게 극복해야 하는가에 대한 두려움이 있다.

두 번째 두려움은 새벽예배 마치고 출근하면 무엇을 해야 하는가에 대한 두려움이다. 오전에는 전도 나가기도 그렇다. 모두 일터로 나가면서 바쁘게 움직이는데 전도는 타이밍이 맞아야지 그렇게 하면 오히려 실업자 같은 인식만 가중시킬 뿐일 것이다. 성경공부 인도나 제자훈련도 사람이 있어야 하는 거지 빈 예배당에서 나는 그 시간에 무엇을 하며 지내야 하나라는 생각이 든다. 그때가면 뭔가를 찾아내고 또 뭔가를 할 일을 만들어내겠지만 그래도 당장 달라지는 모습이라 생각하니 좀 두렵다.

세 번째는 부모님에 대한 미안함이다. 나는 그릇이 그리 크지 못하기 때문에 사역을 크게 하거나 큰 목회자가 될 가능성이 작다. 그리고 설령 된다하더라도 그것을 감당 해낼만한 체력도 되지 않는다. 그래서 내게 맞게 사는 것이 좋지만 꼭 한 번 씩 나도 큰 목회를 했으면 좋겠다는 생각이 들 때가 있는데 그것은 부모님 때문이다. 부모님 살아계실 때 자식이 잘 된 것을 보고 기뻐하시는 모습을 보여드리고 싶다는 순수한 효도의 동기 외에는 아무것도 없다. 하나님께서 내게도 개척의 마음을 주신다면 부모님에게도 다른 가치로 아들을 귀하게 자랑스럽게 생각하실 마음을 주시리라 생각된다.

네 번째는 아이들에 대한 미안함이다. 개척교회 자녀들은 가난의 고통 그리고 아버지가 매일 집에 있으니까 실업자로 여겨 아버지에 대한 수치감을 갖고 있다고 한다. 행여나 나의 아이들에게 이런 마음을 갖게 해주면 어쩌나, 너무 바빠서 놀아주지 못하면 어쩌나, 이제까지 경험하지 않게 했던 가난을 아이들에게 가르쳐야 할 때가 온다면 아비로서 어떻게 해야 할까? 그냥 이런 생각을 너무 깊이 하면 두려워진다.

마지막으로 체력에 관한 부분이다. 목회의 유명한 불문율, '지력, 영력, 체력 이 세 가지는 목회하는 동안 항상 함께 있을 것이로되 그중에 제일은 체력이니라' 일한만큼 열매를 맺는 것이 목회의 법칙이다. 너무 열심히 일하다가 갑자기 죽으면 어떻게 하는가? 너무 몸 사리다가 부흥이 되지 않아 굶어 죽으면 어떻게 하나?

사실, 예전에 나와 함께 부목사로 있었던 목사님께서 개척하셔서 사역하다가 과로사로 돌아가셨다. 그 가정의 아픔을 생각하면 지금도 마음이 아프다. 체력이 약한 것은 내가 평생

안고 가야 할 문제이다. 내 능력이 작은 것을 누구를 탓하겠는가? 지혜롭게 이 부분을 잘 풀어갈 수 있을지에 대한 두려움도 있다. 그럼에도 불구하고 만약에 하나님께서 나에게 이 길을 허락하신다면 이 두려움을 능히 넘어서고 감당할 수 있는 용기도 주실 것이며 피할 수 있는 지혜도 주실 것이라는 생각이 든다.

왜 개척하냐고 묻는다면

왜 개척하냐고 묻는 다면 나는 무엇이라고 대답할 것인가? 뭔가 거창하고 멋있으면서 남들을 감동시킬 만한 말은 없을까? 옥한흠목사님은 사랑의교회를 개척할 당시 또 하나의 교회가 아니라 새로운 교회가 이 땅에 필요하기 때문이라고 하셨다. 옥목사님은 그분의 말씀처럼 사랑의교회를 이 땅에 새로운 교회로 세우셨다. 제자훈련을 통한 평신도 사역, 한국교회의 모범이 되기 위한 바른 목회, 그리고 아름다운 세대교체까지 모든 면에서 정말 또 하나의 교회가 아니라 새로운 교회였으며 반드시 필요한 개척이었음을 증명해 주신다. 그러면 나는 무엇인가? 왜 개척하려고 하는가? 이 질문에 대해서 솔직하게 답해야 할 것이다.

첫 번째 이유는 나 자신이다. 목회는 담임목사의 목회철학, 목회역량, 가치관 등의 확대판이다. 어느 공동체이든 부흥한 교회에는 반드시 그 부흥을 주도하는 탁월한 목사님이 계시는 것을 부정할 수 없다. 담임목사의 역량이 바로 모든 것에 대한 답이다.

나는 사역자로서 그릇이 크지 못하다. 일단 체력적으로 그리 강하지 못하다. 인정하고 싶지 않지만 인정해야만 하는 엄연한 현실이다. 기존교회에 가서 담임목사로 그 사역을 잘 감당해 낼만한 에너지가 있는가에 대해 늘 의문을 갖고 있었다. 나는 목소리가 크거나 우렁차지도 않고 아낙자손처럼 기골이 장대하지도 않다. 경쟁사회에 강력한 무기인 박사학위도 갖고 있지 않다. 훌륭하신 아버지들께서 교회를 물려주시는 그러한 성골도 아니며, 사위에게 물려주시는 진골도 아니다. 물론 그런 걸 원할 나도 아니다. 이렇게 저렇게 내 인생을 생각해 보면 내가 미래에 선택해야 할 폭은 그리 넓지만은 않다.

　두 번째, 목회에 대한 나의 소박한 꿈이 있기 때문이다. 나의 한결같은 생각은 나와 함께하는 사람들이 모두 행복했으면 좋겠다는 생각이다. 이 생각으로 지금까지 살아왔다. 특별히 가까이 있는 분들이 행복했으면 좋겠다는 생각이다. 내 아내, 우리 아이들, 부모님, 담임목사님, 동료목회자, 직원, 장로님, 그리고 성도들로 점차 퍼져가겠지만 내가 만나는 사람들이 모두 나로 인해 행복했으면 좋겠다는 생각이 있다. 그래서 부목사로 있는 지금도 나는 나름대로 최선을 다해 교회와 목사님을 섬기고자 애쓰고 노력했다. 나는 규모가 그리 크지 않아도 좋다. 다만 나와 함께하는 모든 분들이 행복했으면 좋겠다는 생각이 많다. 예배로 인해 행복하고, 말씀으로 인해 행복하고, 교회로 인해 행복했으면 좋겠다는 생각이 있다.

여러 교회들을 보면서 훈련도 없고 체계도 없어 성도들이 힘들어하는 모습도 보았고 반대로 성장하는 교회에서는 성장의 피로감을 호소하는 분들도 보았다. 무엇이 정답인지에 대한 답은 없다. 이것 역시 목회자인 나 자신의 역량과 연결되어 있는 부분이기 때문이다. 내가 능력이 많으면 능력이 적은 분들은 힘들 것이고 내가 무능하면 능력 있는 성도들은 모이지 않고 떠날 것이다. 어찌하든 간에 나의 역량의 크기에 맞게 목회가 꾸려지면 이들을 행복하게 해 주고 싶다는 생각이 든다. 큰 부흥을 이룰 수 있는가에 대해서는 많은 의문점을 자아내지만 성도들을 행복하게 해 줄 자신은 아주 많다.

세 번째, 한국교회를 돕는 목회를 하고 싶다. 이렇게 말하면 남들이 네 분수를 알라고 비웃을지 몰라 조심스럽지만 규모가 작으면 작은 대로 나보다 더 어렵고 약한 교회와 목회자들을 도우면서 살고 싶다. 지금도 개척하는 교회 목사님들을 찾아보고, 식사대접하고, 격려해 드리고 돌아올 때면 마음에 뿌듯한 보람으로 가득 찬다. 개척하신 목사님들 중에는 새로운 성도 한 가정 등록할 때마다 내게 문자를 보내 함께 기쁨을 나누는 분도 있다. 나는 이럴 때 참 인생에 큰 보람을 느낀다.

나를 경험한 분들의 이야기를 들으면 나는 조금 독특한 것 같다. 보통 범주를 약간 넘나드는 조금은 독특한 영역이 있다고 한다. 좋게보면 특별한 것이고 부정적으로 보면 조금 이상한(?) 아무튼 그런 것이 있음을 나도 어느 정도 동의한다. 보편적인 제도권이 감당하지 못할 수도 있는 긍정과 부정이 모두 포함된 독특함이 있는 것을 인정한다. 이미 조직된 교회 속에서 이런 독특함들이 어떤 영향으로 나타날지는 의문이다. 그리고 이런 면에서 개척이 더 맞을 수도 있을지 모른다는 생각이 든다.

개척을 하는 것이 한국교회를 위한 거대한 꿈으로 시작된다면 좋으련만 사역자로서 내가 가진 한계와 역학구도를 통해서 볼 때 결국 이렇게밖에 결정할 수 없는 구조로 바뀌어 가는 것 같다.

좀 더 적게 먹고 살 수 있겠는가?

개척을 생각하면 가장 두려운 부분 중에 하나가 피부로 실감하게 되는 경제적인 어려움에 대한 압박이다. 일차적으로 재정압박은 교회를 운영해 가는데 큰 부담으로 작용할 것이며 이차적으로는 가족들에게 어려움을 줄 수 있기 때문이다. 나 스스로 이 문제를 견디는 것은 아무런 문제가 되지 않지만 나의 아이들을 생각하고 아내를 생각하면 문제가 달라진다. 나는 이 시대를 열심히 사는 중년의 가장들을 보면 그냥 마음에 동의가 된다.

우리 아이가 잘 보는 만화 영화중에 '짱구는 못말려'가 있는데 엔딩곡을 보면 이런 가사가 있다.

'개미는 오늘도 열심히 일을 하네 / 개미는 언제나 열심히 일을 하네 / 개미는 아무 말도 하지 않지만 땀을 뻘뻘 흘리면서 / 매일 매일을 살기 위해서 열심히 일하네 / 한치 앞도 모르는 험한 이 세상 / 개미도 베짱이도 알 수 없지만 / 그렇지만 오늘도 행복하다네 / 개미는 오늘도 열심히 일을 하네 / 개미는 언제나 열심히 일을 하네'

어린이 만화 엔딩곡 치고는 이 시대의 가장들의 심금을 울리는 상당히 수준 높은 곡이라고 생각된다. 부양가족이 있는 가장이 경제적인 능력을 상실할 때의 마음은 어떨지 그냥 느낌이 온다. 행여나 그것이 나의 모습이면 어떻게 할까?

하나님께서는 나를 좋은 교회에서 7년 동안 목회사역으로 섬기도록 은혜를 베푸셨다. 나는 교회로부터 그리고 목사님으로부터 참 많은 은혜를 받았다. 내가 이 좋은 교회에서 부목사로서 좋은 혜택을 누리게 하신 이유가 있다면 이제 밖에 나가서 좀 고생해도 괜찮다는 하나님의 배려가 아닌가 생각해보게 된다.

사람들은 자신이 누리는 것을 포기하는 것을 두려워하고 어려워 한다. 좀 더 가지고, 좀 더 모으고, 좀 더 누리기를 원한다. 물론 나도 동일한 마음이 있다. 그러나 떠나야 할 때를 분별해야 하고, 자신의 인생의 때와 그리고 다가올 미래를 지혜롭게 준비하여 몸을 만들고 마음을 만들어야 할 시점이 오고 있다. 부양가족에 대한 경제적인 부담감이 나를 누르고 있지만 하나님께서는 이 마음도 바꿔 주실 것이다.

열매를 포기할 수 있는가?

개척을 생각하면서 나를 어렵게 하는 또 하나의 생각은 언제 부흥시키고, 언제 그 열매를 딸 수 있을 것인가라는 생각이다. 다시 말하면 어느 정도 교회를 성장시키고 또 작게라도 건축하고 그리고 교회가 안정될 때면 은퇴해야 하는 시점이 다가온다. 이런 일련의 과정을 생각하다보면 성장시키고 거기에 대한 열매도 누려야 하지 않겠느냐는 소위 본전 생각이 든다. 개척의 길을 선택하지 않고 기존교회로 부임하면 누릴 수 있는 많은 것들을 개척과 동시에 포기해야 하기 때문이다.

그렇다. 개척을 두렵게 생각한 가장 큰 원인은 내가 뭔가를 얻고 뭔가를 누리려는 마음이 있었기 때문이다. 열심히 일한 대가를 받고자 한다는 것이 나쁜 것은 아닐 것이다. 그러나 너무 누리는 것, 얻는 것만 치중하다보니 도전을 하고 싶은 마음이 없어지고 설령 도전한다하더라도 빨리 속성과정으로 부흥을 이루려는 다급한 마음이 생기는 것을 보게 된다. 이 부분에 대해서 자유 할 수 있는지를 스스로에게 물으면서 기도하는 시간을 가졌다.

우리는 하나님의 말씀대로 그리고 하나님을 위해 산다고

말하면서도 사실 그렇지 않은 이율배반적인 모습을 볼 때가 참 많다. 좀 심하게 말하면 하나님의 이름을 빙자해서 자신의 사리만을 채우고자 하는 모습이 없는지 진지하게 돌아볼 때도 있다. 내가 하나님의 사람이라면 하나님이 원하시는 방법대로 그리고 하나님의 뜻 안에서 모든 것을 이루어가야 한다. 하나님께서 나에게 심는 일만 허락하셨다면 나는 심어야 하고, 하나님께서 물주는 일을 허락하셨다면 나는 물주는 일만 해야 한다. 하나님께서 열매 따는 것 까지 허락하셨다면 그렇게 해야지 내가 인위적으로 그 열매까지 취하기 위해서 노력하고 애쓰는 시도 자체가 잘못된 것임을 깊이 깨닫게 된다.

좀 더 적게 먹고, 좀 더 적게 누리는 것에 이어 내가 심고 가꾸는 것에 대해 열매를 얻지 못하고 떠나야 하는 그때가 올 때에도 변절자가 되어 성도들에게 큰 고통을 심어주지 않고 말없이 그냥 떠날 수 있는가에 대한 질문을 하게 되었다.

시작의 시점에서 나의 끝의 모습을 상상해 봄으로 내가 가야할 길을 그릴 수 있기 때문이다. 나는 하나님께서 작지만 열매도 누릴 수 있는 은혜를 주셨으면 좋겠다. 그렇지 않더라도 추하게 떠나지는 않을 것에 대한 마음을 주셨다. 이렇게 글로 남겨두면 훗날 내가 혹시 변절하게 되면 이 글이 나의 올무가 되어 나를 바른 길로 가게 해 주리라 생각한다.

하나님의 뜻을 분별하는 방법들

나는 내 문제를 해결하고 생각할 때 나의 문제를 객관화시켜 보기를 좋아한다. 만일 나의 동역자중에 누군가가 나와 동일한 내용으로 질문을 해 오면 나는 무엇이라고 대답할 것인가라는 관점에서 내 문제를 풀어본다. 많은 경우 하나님의 뜻은 올바른 선택을 통해서 나타나게 된다. 내가 다른 사람들에게 도움을 주기 위해 내가 주로 사용하는 올바른 결정에 대한 내용들을 내 스스로에게 점검하기 위해 다시 한 번 찾아보았다.

이 내용은 '성경적인 의사결정법(해돈 로빈슨, 디모데)에서 도움을 받은 것이다.

1) 하나님께서 이미 성경에서 말씀하셨는가? 이러한 결정을 내리는 과정과 유사하거나 모델이 될 만한 원리를 성경말씀을 통해 이미 주셨는지를 확인해 보았다.

2) 윤리적이며 정직한가? 나의 결정이 다른 사람이 알아도 부끄럽지 않은가? 윤리적으로 문제가 되지는 않는가를 점검해 본다.

3) 모든 사람이 나를 따라 한다면 어떻게 될까? 보편적이며

상식적이며 극단적인 선택은 아닌지를 살펴보았다.

4) 나의 은사와 재능에 부합하는가? 하나님께서는 내가 가장 잘 하는 것으로 일하길 원하신다. 내가 가진 은사와 재능이 새로운 교회 사역을 진행하는 것과 어떤 연관이 있을까? 이것이 최선일까를 생각해 보았다.

5) 모두에게 유익이 되는가? 나의 선택과 결정이 더 많은 사람들에게 영적으로 육적으로 정서적으로 유익을 주는지에 대해 생각해 보았다. 특별히 한국교회와 성도들에게 어떤 유익을 줄 수 있는지 생각해 보게 되었다.

6) 성령의 이끌림인가? 나 자신에 대한 압력 때문인가? 많은 경우 성령의 음성이라고 말하는 내적인 느낌이 환경에 의한 압력에 대한 반응일 수 있다. 이 부분을 가장 주의 깊게 살폈다. 갈 교회가 없어서 개척을 선택하는 것은 아닌지에 대해서 그리고 아무런 생각 없이 그냥 개척을 하고자 하는 것은 아닌지 살펴보았다.

7) 다른 사람을 실족시키지는 않는가? 극단적인 선택으로 다른 사람을 실족시켜서는 안된다.

8) 이 결정에 대해 기도하면서 마음의 평안이 있는가? 기도할 때 평안을 주시는 것은 하나님의 뜻을 분별하는 좋은 방법이다.

9) 이 결정이 예수님의 성품으로 자라는데 방해되지 않는가? 영적성숙에 도움이 되는 결정이 되어야 한다.

10) 이것이 하나님을 영화롭게 해드리는가? 어떤 결정이든 자신에게 유익하기 보다는 하나님께 유익하며 하나님의 영광을 나타내어야 한다.

내가 직접적으로 더 깊이 고민해야 할 부분은 이것이 나의 은사와 재능에 부합하는가라는 질문과 성령의 이끌림인지 자신에 대한 압력인지에 대한 분별이다. 내가 이 사역을 잘 할 수 있는지 내 은사와 재능과 부합하는지를 깊이 살펴봐야 하고 이것이 하나님의 인도인지 나 스스로 갖는 압력 때문인지도 생각해 보게 된다.

과연 아내는 동의할까?

아내와 함께 우리 사역의 미래와 진로에 대해서 의논하였다. 새로남에서 계속 사역을 할 것인지, 아니면 떠나야 할 것인지, 떠난다면 어떻게 할 것인지에 대해서 이야기를 나누게 되었다. 새로남을 떠나 새로운 사역을 해야 한다는 것은 기도를 통해 응답받았다. 그렇다면 어떻게 할 것인가? 개척에 대한 문제를 아내와 함께 나누었다.

처음 아내는 기존 교회에 가기를 원했다. 개척에 대한 두려움과 마음의 부담이 있었던 것이다. 물론 나도 마찬가지였다. 그러나 현실적으로 기존교회에 담임목사로 가는 것도 그리 녹녹치 않은 시대에 살고 있음을 우리는 잘 알고 있다. 그리고 우리의 성향과 우리의 비전과 모든 것을 고려하며 기도하고 대화를 나누었다.

시간이 지나면서 아내는 개척이 좋겠다는 생각을 갖게 되었다. 나 스스로도 기존교회에 가서 이미 정형화된 틀속에 맞추는 것이 무척이나 어렵게 느껴졌지만 아내 역시 기존교회에 가서 사모로서의 역할을 맞춰가는 것에 대한 부담이 컸다. 반면에 개척을 하면 사모의 역할을 자신이 스스로 만들어 갈 수 있는 장점도 있었다.

모든 것은 선택이다. 무엇을 얻고 무엇을 잃을 것인가에 대한 선택인데 안정적인 목회현장을 얻고 반면에 자유와 비전을 구속받을 것인지, 아니면 자유와 비전을 얻고 안정적인 목회현장을 포기할 것인지에 대한 선택이었다. 아내는 이 구분 속에서 후자를 선택하고 개척을 하는데 마음을 정했다. 그리고 나서 얼굴이 아주 편해지고 밝아졌다. 개척을 결정하고 난 이후에 아내의 얼굴은 나와 결혼한 이후에 가장 빛나는 얼굴이 되었다. 달처럼 환하게 빛나는 얼굴을 보면서 개척이 무엇인지 알고 있는지에 대한 의문도 들었지만 이 마음도 주님이 주시는 것이라는 생각이 들었다. 아내가 기뻐하고 좋아하니 정말 감사했다.

과거의 상처가 미래의 발목을 잡다

우리의 삶을 돌아보면 똑 같진 않지만 많은 경우 유사한 일들이 반복되는 것을 보게 된다. 역사도 반복되고 인생도 반복된다. 똑 같은 일이 그대로 반복되진 않지만 참 유사한 일들이 반복되는 것을 많이 보게 된다. 그래서 병원이나 상담을 할 때에도 질병에 관한 가계력을 조사하는 것 같다. 조상들이 한 행동과 습관도 다음세대에서 반복되는 것을 보면 참 놀랍기도 하다.

나는 예전에 새로운 일을 시도했다가 실패한 적이 있었다. 문득 아침에 그 생각이 떠올랐다. 또 반복되면 어떻게 할까? 라는 생각이 나의 마음을 사로잡아 이 생각을 떨쳐버리기 위해 많이 기도했다. 프리셉트 성경연구원을 그만두고 분당근처에서 침거할 때였다. 나의 은사가 문서사역에 있다고 생각한 나는 출판 일을 시작하였다. 처음 만든 책이 어린이 그림책이었는데, 당시 이전 연구원에서 진행하다가 그만 두었고 이미 그림 그리는 작가가 많이 진행한 상태여서 여러 가지 생각을 하다가 그 일을 내가 맡아 시작했었다. 그림이 들어가는 책은 비용이 무척 많이 든다. 특히 그림을 그리도록 수주한 작품은 보통책의 몇 배의 비용이 들어간다. 초기 비용이 너무 컸고

기반도 약해서 결국 그 사역을 포기하게 되었다. 이 일들이 정리되기까지는 꽤 오랜 시간이 걸렸다.

한번은 생명의 말씀사에 방문했는데 편집부에서 어린이 그림성경 인쇄 직전의 마지막 모습을 보여주면서 한번 봐 달라고 했다. 그리고 직접 그린 것이며 제작비가 무척 많이 들어갔다고 이야기했다. 그 이야기를 듣는 순간, 나도 모르게 웃었다.

"알지요. 내가 잘 압니다. 그게 얼마나 큰 작업인지 잘 압니다." 출판사에서 그림성경은 번역서를 선택하는 이유가 다 여기에 있다. 기독교계의 대형 출판사인 이 출판사도 직접 제작한 그림성경에 대해서 큰 부담을 느끼고 있었다. 이런 일을 그것도 오래전에 혼자 했으니 얼마나 무모했던가? 라는 생각을 다시 해 보게 되었다.

출판사역은 깨끗하게 실패로 돌아가고 그 이후에 생계의 위협을 얼마동안 받다가 다시 부교역자로서 사역의 길로 돌아오게 되었다. 결국 사역자로 다시 돌아오게 되었지만 그 과정은 나에게 참으로 많은 교훈을 남겼다. 그때 잘 되었으면 나는 출판사나 혹은 한국교회를 돕는 기독교 기관을 운영하는 사역을 하고 있었을지도 모른다. 다시 교회사역으로 돌아오게 하신 것 역시 하나님의 섭리였음을 고백한다. 하나님께서 모든 것을 합력하여 선을 이루시는 분이심을 나는 믿는다. 나의 허물과 실패도 하나님께서 아름답게 사용하시리라 믿는다. 그리고 그렇게 해 주셨다.

이제는 실패를 다시 반복하고 싶지는 않다. 이전에 실패했던 기억들을 다시 떠 올리며 무엇을 다시금 어떻게 정비하며 어떻게 접근해야 할지 더 깊이 생각해 보게 된다. 어쩌면 개척한다면 이제는 돌아올 수 없는 다리를 건너는 것인데 건너고 나서 다시 돌아오려고 애쓰는 상황이 발생한다면 어찌 하늘 아래서 얼굴을 들고 다닐 수 있겠는가?

오늘은 과거의 실패의 생각들을 떨쳐버리는데 참 많은 시간을 보냈다.

기드온처럼

기드온은 지도자가 되기에는 너무 겁이 많고 신중한 사람인 것 같다. 별다른 저항 없이 부르심에 순종한 다른 사사들과는 달리 하나님의 뜻을 여러 번 묻고 확인하는 과정을 계속 반복하는 것을 보게 된다. 이러한 것이 하나님을 시험하는 것 같은 약간은 불경스럽게 보이기도 하지만 정말 그 길을 가는 것이 맞는지를 확인하고 재차 확인하는 기드온의 모습에서는 그의 성격이 그대로 잘 드러나고 있다. 어쩌겠는가? 성격이 그런 것을 ...

나도 하나님께 묻고 또 물었다. 만일 하나님의 뜻이 계신다면, 아니 하나님께서 내가 개척하는 것을 기뻐하신다면 나에게 선한 길을 열어주시고 내가 느낄만한 징조들을 보여 달라고 기도했다. 내가 납득할 수 있는 징조가 무엇인지에 대해서 나도 모른다. 그러나 이 길이 하나님이 허락하시고 기뻐하시는 일이라면 반드시 내가 이해할 수 있는 방법을 알려 달라고 기도했다. 그리고 이 길이 하나님께서 기뻐하시는 일임을 오늘 확인하게 되었다.

우리교회 옆에 작은 백화점이 있다. 거기에 조영남 권사님이 매장을 경영하시면서 전도를 하셨는데 교회에 다녔지만 지금 다니지 않는 분들이 의외로 여러분 계시다고 했다. 그래서 거기서 주일 오전에 예배를 드리고 싶은데 부교역자를 보내달라고 요청했다. 그리고 담임목사님께서 오늘 아침에 나 보고 거기 가서 도우라고 하셨다. 조 권사님은 전도에 대한 열정이 탁월하신 분이시며 영혼구원에 대한 열정이 가득한 분이시다.

주일 오전에 교회에서 나를 그곳에 보내시는 것은 파격적인 결정이다. 세이브존교회에 가서 말씀을 전하는 것은 나에게 있어서는 정말 하나님의 뜻을 확인할 수 있는 놀라운 결정인 것이다. 이제 다음 주부터 나는 처음으로 백화점 내의 건물 안에서 그들과 함께 새로운 교회를 시작한다. 개척교회를 먼저 경험할 수 있는 기회가 생긴 것이다. 나는 최선을 다해서 그들에게 설교하고 목양하고자 한다. 그리고 이 경험들을 잘 살려서 시행착오를 줄이도록 하고자 한다.

이 일이 있고 나서 예전에 알고 있던 부산에서 목회하시는 선배 김응수 목사님에게 개척에 대한 상의를 할 때 그분들은 모두 기뻐하시며 잘할거라고 격려해 주셨다. 부전교회 박성규목사님이 새로남교회에 방문하셨을 때 아침에 잠시 만남을 가졌다. 목사님께서는 이 시대의 교회개척은 새로운 전도를 위한 중요한 방법이라며 기쁘게 격려해 주셨다. 그리고 개척에 있어서 중요한 점들, 찬양과 홍보에 대한 전략들도 생각해 보라고 하셨다. 그리고 나는 문화적인 사역을 통해 지역에 접근하면 좋을 것이라는 말씀도 해주셨다. 나중에 목사님 교회에서 수원으로 가는 분들 계시면 연결도 해주시겠다고 하셨다. 큰 격려가 되었다.

나와 함께 신대원에서 공부했던 정 전도사님은 이제 사역을 은퇴하셨는데 자신에게 남은 시간은 내가 개척한 교회에 와서 뒷자리에 앉아 기도해 주시는 것으로 자신의 생을 마무리하고 싶다고 하셨다. 그 외에 많은 분들이 격려를 해 주셨다. 그래서 하나님께서 기뻐하시는 일이라는 생각을 갖게 되었다.

첫 예배, 과연 될까?

어제 세이브존 교회에서 첫 예배를 드렸다. 세이브존은 우리교회 인근에 있는 백화점이다. 우리교회 조권사님이 그곳에서 전도를 하다 보니 의외로 예전에 믿음생활을 했는데 생계의 문제로 신앙생활을 하지 못하는 분들이 많은 것을 알고 3년간 기도한 결과로 어제 첫 예배가 드려졌다.

한마디로 감동자체였다. 예배드린다는 것 자체가 감동이었다. 어떤 분은 예배의 감격 때문에 찬송을 드리는 중 눈물을 흘리셨고, 어떤 분은 그동안 예배를 드리지 못한 것에 대한 미안함 때문인지 눈물을 흘리셨다.

짧은 시간에 급조되었지만 주보도 나왔고 클라리넷의 아름다운 연주도 있었고 반주자도 있었다. 인근교회 청년들이 와서 음향도 설치해 주었다. 조 권사님이 떡과 계란을 돌려 주셨고, 장소로 제공된 카페의 매니저는 그날 쉬는 날인데 남편과 함께 나와서 장소를 열어 주고 정리하는 것을 도와주었다. 점장님도 팀장들을 데리고 나와서 예배를 드렸다. 모두 너무 감사했다. 그런데 문제는 대부분의 사람들이 예배를 드리러 온 것이 아니라 예배를 도와주러 오신 분들이라는 것이다. 잠시 있다가 떠나거나 한번 참석해 주러 온 것이다.

여기에 모인 대부분의 사람들이 처음 만나는 사람들이었고 몇 몇 분을 빼고는 모두 오늘 한번 참석해 주러 오신 분들이었다. 목회를 오래 하다 보니 사람 눈빛과 행동만 봐도 그 다음에 무슨 일이 있을 지 거의 감으로 다 알게 된다. 특히 백화점 관계되신 점장님, 팀장님은 의무적으로 한번 참석해 주신 것 같았다.

백화점은 10시에 시작하기 때문에 9시 40분에는 마쳐야 한다. 찬양이 늦게 시작되었다. 차 떼고 포 떼고 하다 보니 메시지 시간이 얼마 되지 않았다. 그리고 여기 있는 분들의 대부분은 나를 오늘 처음 만나는 분들이어서 관계형성이 전혀 되지 않았다. 이것이 개척교회를 하면 처음으로 부딪치는 문제일 것이라는 생각이 들었다.

마치 낯선 외인부대를 모아두고 전혀 열정과 마음에 감동이 없는 사람들의 마음에 작은 불씨를 일으켜야 하는 것이 개척교회의 목사가 처음 해야 할 일이라는 생각이 들었다. 이전까지 개척을 준비한다면 사람, 장소, 행정, 재정 이런 것들에 대해 참 많은 생각을 했었는데 이 순간에 직면하자 두 눈이 번

쩍 뜨이면서 본질은 이것이 아니라는 것을 깨닫게 되었다.

메시지였다. 설교자의 메시지가 가장 중요한 것이었다는 것을 이 순간에 처음으로 깨닫게 되었다. 이 분들은 채 15분도 안 되는 설교시간을 통해서 앞으로 이교회에 나올지 말지를 결정하려고 준비하고 있는 것이다. 예배가 끝난 후 이들에게 바로 심방을 간다는 것도 시기상조이기에 결국 이들과 연결할 고리는 설교밖에 없었다.

예배가 끝났을 때 작은 반응들이 일어났다. 오늘 한번만 찬양 인도해 주시기로 한 집사님께서 다음 주에도 오시기로 하셨다. 처음 소개받아 온 반주자가 앞으로 계속 반주를 하겠다고 약속했다. 그리고 특송을 해준 연주자가 친구들을 동원해서 특송자들을 연결해 주겠다고 했다. 그리고 무엇보다도 감사한 일은 점장님이 계속참석하시겠다고 했다.

분명한 것을 깨달았다. 개척의 성패에 있어서 가장 중요한 열쇠는 나에게 있다. 그것도 메시지에 있다. 어제 나에게 임 집사님께서 해 주신 말씀이 기억에 남는다. 자기와 친한 목사님께 해 주었던 말씀이라고 했다.
"목사님, 어떤 설교가 성도들에게 은혜가 되는지 아세요?"

그 목사님이 답을 머뭇거리자 그 집사님이 대답했다고 한다. "목사님, 외람되지만 목사님께서 목사님의 설교에 은혜 받으면 성도들도 은혜 받아요." 당연한 이야기이며 모두가 아는 이야기이지만 다시금 새롭게 다가왔다.

여기서 예배를 인도하면서 참 많은 은혜를 받았다. 그리고 개척을 하면 어떻게 해야 할지를 배우게 되었다. 하나님의 크신 배려라는 생각이 든다. 아침에 드리는 예배여서 마치고 나갈 때 마다 김밥을 사서 하나씩 예배에 참석하신 분들에게 드렸다. 그래서 늘 김밥을 구입해야 했다. 그런데 김밥을 파시는 분이 교회에 와서 예배를 드렸고 자신의 김밥을 그냥 매 주마다 제공하겠다고 하셨다. 그분의 형편과 처지를 아는 권사님께서 극구 반대하셨으나 뜻이 분명하셨고 하나님을 향한 그분의 뜻임을 알게 되었다.

그날 아침에는 예배를 마친 후에 손에 김밥을 들고 그 가정을 위해 하나님께 기도를 올려 드렸다. 바르게만 말씀 전하고 바르게만 예배드리면 이런 아름다운 일들을 일어난다는 것을 직접 보게 하셨다.

기도밖에 답이 없다

오늘 새벽예배 와서 모처럼 만에 오래 기도했다. 기도하려고 한 것이 아니라 기도를 빨리 마치고 가도 별로 할 일이 없다는 생각이 들어 그냥 기도의 자리에 앉아 있었다.

특별 새벽기도회가 있으면 부목사들은 성도들보다 더 일찍 가야 한다. 그리고 예배가 끝나면 빨리 돌아가서 해야 할 일들에 대한 압박과 또 이상한 피로감이 밀려와 빨리 일어서고 싶어진다. 그런데 오늘은 월요일 아침이고 내가 특별히 해야 할 일도 없다. 그래서 그냥 앉아 있었는데 참 마음이 편해졌다. 아마 내가 개척하면 이렇게 오래 기도할 수 있을 것이라는 생각이 들었다. 별로 할 일도 없는데 기도나 열심히 하면 되지 않겠는가?

아침에 깨달은 은혜가 또 있다. 특새 구호 중에 '육체의 한계를, 지식의 한계를, 사역의 한계를 돌파하게 하소서, 새벽 체질로 변화시켜 주소서' 라는 구호가 있는데 문득 그 구호를 보다보니 개척하면 다 해결될 것 같다는 생각이 들어 웃음이 나왔다.

개척의 문제를 두고 현실적인 문제를 생각할 때마다 마음에 기대감이 있는 동시에 두려움이 있는 것도 사실이다. 왜 내 마음에 두려움이 있을까? 첫째는 아직 시작하지 않았기 때문이며 두 번째는 기도하지 않기 때문이다. 시작하면 또 열심히 할 텐데 시작하지 않은 상황에서 이것저것 생각하다보면 지금 내가 가진 모든 것을 다 내려놓고 완전히 광야로 나가야 하기 때문이다. 그리고 기도가 이전보다 더 필요함을 느낀다. 기도는 하나님의 능력을 나의 삶에 나타내는 소중한 방법인 동시에 내 마음에 두려움을 이겨내고 믿음으로 충만하게 채우는 방법이기 때문이다. 기도를 하면 하나님께서 용기를 주시고, 지혜를 주시고, 또 사람과 필요한 것들을 보내주시고, 알려 주신다. 그러나 기도하지 않으면 금세 현실적인 걱정과 두려움이 밀려드는 것을 보게 된다.

결국, 따지고 보면 개척이라는 것은 새로운 일을 하는 것이기도 하지만 나 자신을 하나님 앞에 세우는 훈련의 연속인 셈이다. 성도들에게 믿음으로 살라고 말하고 환경을 보지 말고 하나님을 따르라고 늘 말했다면 이제는 그 말을 내 삶에서 실천함으로 성도들에게 내가 가르친 말씀이 진리임을 스스로 증명하고 보여주어야 할 때가 되는 것이다.

나는 이제 말로가 아니라 삶으로 가르쳐야 할 때가 왔다. 홍해를 보고 건너라고 설교했다면 이제는 내가 직접 건너는 모습을 보여줌으로 성도들에게 믿음으로 사는 것은 이런 것이라는 것을 보여 주어야 한다. 기도가 좋다. 적어도 기도하는 시간만큼은 걱정 근심 없어지고 평안해지며 또 새로운 용기를 얻게 되니 말이다.

개척에 대한 경험이 있는 사촌형은 기도원에서 나를 만났을 때 개척의 과정 속에서 어떤 일이 일어날 수 있는지에 대해서 뼈저린 경험에서 나오는 중요한 이야기들을 해 주셨다. 그리고 결국 수도 없이 일어날 어려운 마음의 문제와 현실의 문제를 극복하기 위해서는 기도밖에 없다고 말씀해 주셨다. 최소한 하루에 세 시간씩은 기도해야 한다면서 나에게 얼마나 기도하느냐고 물으셨다. 30분 기도한다고 말했다가 그날 엄청 혼났다.

배수의 진을 치다

이제 돌아갈 길은 없다. 오직 전진뿐이다. 그런데 내 마음에는 여전히 많은 미련들이 남는다. 머리로 아는 것과 가슴으로 느끼는 것에는 언제나 커다란 차이가 있는 듯하다.

오늘 내가 원서를 냈던 한 교회에서 연락이 왔다. 결정되었다는 이야기는 아니었지만 교회 사정으로 재공고를 내야 하는데 내 서류를 그냥 다시 접수시키고 싶다는 이야기였다. 많은 사람들이 원서를 냈지만 소수만 다시 재 접수로 넘어간다고 말해주었다. 그리고 교회내부의 사정이 있었다고 말했다. 잠시 고민이 되었다.
"전화해 주시고, 이렇게까지 배려해 주셔서 진심으로 감사드립니다. 그런데 제 서류는 재 접수 하지 않으셔도 될 것 같습니다. 거기에서 파지해주시면 감사하겠습니다."

전화를 끊고 난 이후에 마음에 미묘한 감정이 생겼다. 모든 면에서 사역하기 괜찮은 교회인데 나는 이제 배수의 진을 치고자 그 교회에 대한 미련을 접었다. 아무것도 가진 것 없고 심지어는 집 전세 구할 자금도 없는 내가 개척한다고 말하는 이 자체가 객기가 아닌지 모르겠다는 생각이 든다. 잠시 하나님께 기도드렸다.

"주님, 제가 가는 길을 저는 알지 못합니다. 그러나 원하옵기는 앞으로 어떤 어려움이 닥치더라도 내가 선택한 일에 대해 기쁨으로 감당하게 하시고 내가 버린 것들에 대해서 미련을 갖거나 후회하지 않게 해 주옵소서"

내게는 참 고마운 분들이 많다. 대길교회 박현식목사님은 나에게 큰 은혜를 베풀어주신 분이시다. 내가 개척에 대해 뜻을 정하고 목사님께 상의를 드렸을 때 목사님께서는 담임목사로 갈 수 있는 교회 한 곳을 말씀해 주셨다. 그리고 그곳으로 갈 생각은 없는지, 있다면 도와주시겠다고 하셨다. 개척에 뜻이 더 크다고 말씀드리자 개척을 도와 줄 수 있는 노회가 있는지 알아봐 주시겠다고 하셨다. 수원지역에 노회중에 개척교회를 지원하는 제도가 있는지 알아보고 그렇지 않으면 남서울노회 개척추진위원회를 통해서 도움을 주시도록 추천해 주시겠다고 말씀하셨다. 뿐만 아니라 개척을 하면 일정기간 동안 대길교회에서도 힘이 되어 주시겠다고 말씀하셨다.

아버지께 박목사님과의 만남에 대해 말씀을 드렸을 때, 아버지께서는 박목사님과 같은 분을 만나기는 정말 힘들 것이라며 기뻐하시며 감사하셨다. 정말 감사한 분이시다. 앞으로는 내가 이전보다 더욱더 목사님을 잘 섬기며 은혜를 갚으며 살아야 하겠다는 생각을 한다.

총신대 사회복지대학원에서 함께 공부하는 사모님들은 하나님께서 이때를 위해 준비해 두신 은인이시다. 목회자의 사모이시며 교회사역을 하시는 누님들께서 나를 사랑해주시고 나의 사역을 기뻐하시며 기도해주시고 도움도 주시며 여러 가지로 아이디어도 주셨고, 때로는 용기를 주시기도 하셨다. 돕는 손길들을 보내주신 하나님께 감사드린다.

앞으로 어떤 분들을 만나고 어떤 부탁을 해야 하며 어떤 험한 경로를 지나야 할지 모르겠다. 그리고 내 선택에 대한 스스로의 원망의 순간이 올 수도 있을지도 모르겠다. 그러나 이제는 전진하는 일만 남아 있다. 오직 주의 긍휼하심을 구하며 그리고 하나님께서 원하시는 아름답고 건강한 지역교회를 만들어가는 소망을 계속해서 꾸는 것이다.
배수의 진을 친 오늘은 참으로 미묘한 감정이 내 마음속에서 일어나며 지나가는 것을 느낀다.

꿈꾸는 동안 행복하다

지나온 세월들을 돌아보면 모든 것이 감사와 은혜뿐이다. 나는 필부의 아들로 태어나서 농사를 짓는 것이 나의 꿈이었다. 소 9마리를 기르면서 사는 것이 내 꿈의 전부였다. 이런 나를 불쌍하게 생각하신 아버지께서 어릴 때 고무로 대야를 만드는 공장을 보여주신 적이 있었다. 이렇게 사는 사람들도 있다는 것을 알려 주시기 위함인 것 같았다.

대학을 졸업하고 공동체를 만든다면서 산위에 집을 짓기 위해 돈이 생길 때마다 벽돌을 사서 쌓아놓은 그 벽돌이 아직도 그대로 있다. 군수가 한 번 씩 지역을 방문할 때마다 가장 불가사의하게 여기는 곳이 바로 내가 산위에 쌓아올려 놓은 벽돌들이었다. 하나님께서는 농촌에서 한 평생을 마감할 수 있는 나를 귀하게 여기셔서 여기까지 오게 하셨다. 지금으로도 내 잔은 넘치고 있다.

이제 새로운 교회를 꿈꾸며 내가 하고 싶은 일들을 생각해 보게 된다. 나는 가정 같은 교회가 좋다. 많이 모이는 것보다는 먹고살만하면 행복하게 사는 것이 좋다. 전원교회처럼 꾸미고 텃밭에 고추와 상추를 심어 그것을 뽑아 와서 교회에서 점심을 먹는 그런 모습을 그려본다. 아마도 내가 농촌교회에서 자라 그런 향수가 있는듯 하다.

몇 달에 한 번 씩은 성도들을 데리고 농촌교회에 가서 예배 드리고 농산물도 사오고 목사님도 격려하는 그런 농촌교회와 네트워크가 되는 교회를 만들고 싶다. 성도들이 어려워지면 교회가 모른 척 하는 것이 아니라 적극적으로 나서서 할 수 있는 한 방법을 간구하여 자립하거나 가정이 회복되도록 돕는 일을 하고 싶다. 가정의 회복을 돕고 월세 사는 분들에게는 교회가 전세금을 무상으로 지원해주어 살 길을 마련해주는 그런 교회를 생각해 본다.

물론 시행착오도 있을 것이고 괜히 나섰다가 욕만 먹을 수도 있을 것이다. 그러나 하고자하는 자는 방법을 찾고, 하기 싫은 자는 구실을 찾는다고 한다. 그냥 시행착오가 있고 때로는 욕을 먹더라도 그냥 도와주고 싶다. 그리고 이것들을 체계화하여 다른 교회들에서도 적용할 수 있도록 하고 싶다. 하나님께서 능력을 주시면 작은 교회목사님들과 사모님들을 위로하는 모임을 만들어가고 싶다. 그분들의 짐을 조금이라고 가볍게 해 주는 일을 하고 싶다.

성도들이 모여서 밤새도록 성경공부하며 말씀을 사모하는 교회, 목회자를 어려워하는 것이 아니라 아버지처럼 따르고 사랑하며 존경하는 교회, 사람 사는 냄새가 나는 교회, 지역에 있어서 지역의 기쁨이 되는 교회를 만들고 싶다. 빨리 상가교회를 벗어나서 전원교회를 만들어야겠다는 생각만 하면 금방 행복해진다. 꿈꾸는 것만으로도 감사하며 행복하다.

아니, 그냥 이 꿈속에서 깨어나지 않았으면 좋겠다.

아름다운 이름은 보배로운 기름보다 낫고

아름다운 이름이 보배로운 기름보다 낫다고 했다. 좋은 이름을 구하기 위해 가정예배 때 아이들과 의논했다. 유치원 다니는 막내가 유치원생답게 '반딧불교회'로 하자고 했다. 초등학생 첫째는 벌써 어른 같은 제목을 낸다. 이런 저런 이름으로 인터넷에 검색하니 다 있는 이름이었다. 우리의 정체성과 맞으면서도 남들이 쓰지 않는 이름은 없을까를 고민하는데, 오상진 목사님께서 교회를 방문하셨을 때 우연찮게 나눈 대화에서 이름을 찾게 되었다.

"요즘 사역 잘 하고 잘 지내냐?" 온화한 미소로 손을 잡아 주셨다.

"형님들이 베풀어주시는 은혜의 부스러기로 잘 지내고 있습니다." 웃으면서 대답했다.

"그래, 그 부스러기도 잘 모으면 열두광주리가 된단다. 잘 모아보렴" 이 말씀을 하실 때 눈에 불이 번쩍 들어오는 것 같았다. 여기저기에 흩어져 있는 은혜의 부스러기들, 예수님께서 기적을 베푸시고 남긴 은혜의 부스러기 들을 잘 모아도 열두광주리에 가득 찬다는 것이 마음에 확 들어왔다. 그 이후에 오병이어의 기적과 열두광주리에 대해 깊이 묵상하게 되었다.

어쩌면 열두광주리라는 이름이 나의 목회 정체성과 그리 유사한지 나도 놀랐다. 그래서 열두광주리교회로 이름을 정하고, 인터넷에 검색하니 다행히 교회이름으로는 아무도 사용하고 있지 않았다. 참, 기뻤다. 그런데 문제가 생겼다.

성경이 개혁개정으로 바뀌면서 열두광주리가 열두바구니로 바뀐 것이다. 바구니는 작은 것이고 광주리는 큰 것을 의미한다고 한다. 그래서 열두바구니, 일곱광주리로 번역이 바뀌었다. 어쩌면 좋을까? 예비 성도들에게 이름을 성경대로 열두바구니교회로 바꿔야 하는지에 대해서 물었을 때 열두광주리로 밀고 나가가라고 해서 그냥 밀고 나가기로 했다. 다만 우리 아버지는 이 이름이 좋지 않다고 생각하셔서 마지막까지 다른 이름들을 지으셔서 보내셨다. 우리는 처음에는 열두광주리교회라는 풀네임을 사용하고 그 다음부터는 애칭인 열광교회로 부르기로 했다.

열두광주리교회 이름에 다음과 같은 의미를 담았다.

첫째, 열두광주리는 차고도 넘치는 은혜를 의미한다. 하나님께서 부어주시는 은혜는 날마다 차고도 넘쳐서 남겨진 것들만으로도 열두광주리에 가득 채우게 되었다. 차고도 넘치는 은혜를 날마다 사모하는 교회이길 소망한다.

둘째, 열두광주리는 나눔을 의미한다. 예수님께서 떡을 떼어주시면 제자들은 그것을 광주리에 담아 나눠주는 일을 했다. 이처럼 우리는 예수님께서 주신 것들을 연약한 성도들에게 나누고 이웃들에게 나누고 세계 곳곳에 나눠주는 교회이고 싶다.

셋째, 열두광주리는 작은 조각들의 모임이다. 세상에는 주류가 있고 엘리트가 있고 다섯 달란트 받은 사람들이 있다. 그러나 그렇지 못한 사람들이 훨씬 더 많다. 보리떡 다섯 개와 물고기 두 마리가 시작이 되었듯이 작은 정성, 작은 힘이라도 얼마든지 주님께 영광 돌릴 수 있다. 작은 자들을 통해서 하나님께 영광돌리기를 원하며 작은 자들의 이웃과 친구가 되는 교회이고 싶다.

넷째, 열두광주리는 말씀으로 사는 것을 의미한다. 사람이 떡으로 사는 것이 아니라 하나님의 말씀으로 사는 것임을 날마다 고백하며 말씀을 가장 소중히 여기며 말씀을 따르는 교회이고 싶다.

다섯째, 열두광주리는 우리의 소망이 하늘에 있다는 것을 알려 준다. 오병이어의 기적을 베푸신 것은 영생하는 하늘의 떡이 있음을 알게 하시기 위해 주님께서 광야에서 베푸신 만찬이다. 우리의 모든 소망과 진정한 보상은 하나님 나라에 있다는 것을 고백하는 교회이고 싶다.

교회의 비전과 핵심가치

해아래 새것이 없다는 전도자의 고백처럼 열두광주리교회
의 모든 사역적인 기초는 새로남교회에서 나왔다. 새로남교
회 오정호목사님께 배운 정도목회, 목양일념의 정신을 계승
하면서 내가 가진 스타일들을 접목시켜 핵심가치와 비전을
만들어 보았다.

열두광주리교회의 비전은 다음과 같다.

첫째, 교회 안에 있는 성도들에게 예수님을 통한 행복을 누
리게 하며, 그 행복을 예수님을 알지 못하는 이웃들에게 나누
는 일을 하고자 한다.

둘째, 수원의 젊은이들을 그리스도께로 모이게 하는 사역
을 담당하고자 한다. 대학, 청년들이 서울과 분당으로 이동이
심하여 영적 공동화현상이 나타난다. 젊은이들이 수원의 복
음화의 주역이 되도록 세우는 일을 하고자 한다.

셋째, 우리의 힘이 미약하더라도 이 시대에 한국교회의 위
상을 높여 하나님의 마음을 시원케 해 드리는 교회로서 기여
하고자 한다.

교회의 핵심가치는 다음과 같다.

첫째, 하나님께 영광을 돌리는 교회이다. 성도들의 행복이 하나님께 영광을 돌리는 일로부터 시작된다. 예배가 기다려지고 예배의 감격이 있으며 예배로 영광돌릴 뿐 아니라 세상 속에서 자신의 일터에서 하나님께 영광을 돌리고자 한다.

둘째, 성도들의 행복한 교회이다. 성도들의 행복은 말씀과 기도의 훈련을 통해서 이루어지게 된다. 오직 변화된 그리스도인만이 진정한 행복을 누리게 된다. 맞춤식 훈련을 통해 쉼이 필요한 성도에게는 쉼을, 훈련이 필요한 자들에게는 훈련을 통해 성도들의 영적 필요를 채우며 평신도성경대학과 제자훈련, 사역훈련 등을 통해 성도들이 복음안에서 풍성한 행복을 먼저 경험케 하고자 한다.

셋째, 이웃의 행복이다. 이웃을 행복하게 하기 위해 복음전파, 복지사역, 선교 등의 사역을 진행하고자 한다. 교회가 소속된 지역에 있는 이웃을 돌아보고자 한다. 지역의 기관과 복지단체의 도움을 통해 지역욕구조사를 하고 그것을 토대로 국가가 감당하지 못하며 교회만이 할 수 있는 틈새를 찾아 지역사회복지를 통해 이 지역에 교회가 있음으로 지역주민들이 행복하고 기뻐할 수 있도록 돕고자 한다.

넷째, 자녀들이 행복한 교회이다. 우리아이들을 버려두지 않고 믿음으로 잘 교육시켜 하나님나라와 국가를 위해서 헌신할 수 있는 인재가 되도록 힘쓰겠다. 주일교육뿐만 아니라 주중교육을 통해 아이들에게 믿음을 바탕으로 사람이 갖춰야 할 인성교육과 세상에서 살아갈 수 있는 실질적인 능력을 갖도록 교육할 것이다.

묻지도 않고 따지지도 않는다

'가르시아 장군에게 보내는 편지'에는 충성스러운 로한 중위에 대한 이야기가 나온다. 전쟁 중에 가르시아장군에게 편지를 보내야 하는데 누가 적진을 뚫고 가르시아장군에게 편지를 전달할 수 있을지에 대해서 대통령이 물었다. 그때 장관은 로한 중위를 추천했다. 로한 중위는 대통령 앞에 와서 가르시아장군에게 보내는 편지를 받았다. 그리고 그 자리에서 나왔다. 이 책에서는 로한 중위의 태도에 대해서 높이 평가하고 있다. 그 이유는 그가 임무를 부여받을 때 묻지도 않고 따지지도 않았다는 것이다. 가르시아장군이 어디 있는지 그리고 어디로 가야하는지 혹은 어떤 장비가 필요한지 등에 대해서 전혀 말하지 않았다. 그냥 임무만을 받았고 그냥 나와서 그 임무를 수행한 것이다.

로한 중위의 태도는 무한 신뢰를 갖게 한다. 요즘 세상에 묻지도 않고 따지지도 않고 일을 하거나 부탁을 들어주는 사람들이 있겠는가? 교역자들과 함께 이 책을 읽을 때 신선한 충격을 받았던 기억이 난다. 개척을 준비하면서 나에게 이런 일들이 일어났다.

오래전에 대학부에서 가르치던 성진이가 찾아와서 인사를 했다. 안양에 산다고 했다. 수원에 개척할 계획이라고 말했더니 묻지도 않고 따지지도 않고 동참하겠다고 했다. 이렇게 쉽게 대답하는 성진형제의 말을 들으면서 나는 내 귀가 의심스러웠다. 왜냐하면 이렇게 쉽게 대답하는 사람을 이전에 만나지 못했기 때문이다.

"목사님, 하나님께서 지금 제게 좋은 직장을 주시고, 거기 두신 것은 목사님을 도우라고 하신 뜻 같습니다." 성진이는 하나님께서 나를 위해 준비해두신 비밀병기라고 자신을 소개했다. 지금도 한 번 씩 비밀병기라는 말을 생각하면 웃음이 나온다.

전국주일학교연합회 일을 보시며 출판사역을 하시는 양우식집사님도 나의 계획에 대해 목사님이 하시는 일이라면 묻지도 않고 따지지도 않고 적극 찬성이라는 지지를 보내줬다. 후에 양 집사님은 이 책을 무료로 만들어주시기로 하셨고, 판매금액 전액은 개척교회 설립기금으로 사용도록 도움을 주시기로 했다. 그래서 이 책이 만들어지게 된 것이다.

내가 살아가면서 참 감사한 일중에 하나는 주변사람 아주 가까운 사람들에게 신뢰를 받고 있다는 것이다. 많지는 않지만 비록 소수의 사람이지만 나를 믿어주고 지지해주는 그 말과 행동에 큰 힘과 용기를 얻게 된다. 일이 진행되는 과정에서 크고 작은 감동과 은혜들이 있었다. 하나님께서 그분들의 삶에 귀한 복으로 채우시길 매 순간 머리 숙여 기도드린다. 그분들은 하나님께서 나를 위해 우리 열두광주리교회를 위해 보내신 천사라는 생각이 든다.

어디에서 시작해야 합니까?

하나님께서 저마다에게 부르신 자리가 있다. 하나님께 기도드렸다. '주님, 제가 개척을 하는 것을 기뻐하신다면, 어디에서 시작해야 할지에 대해서 알려 주옵소서' 개척을 시작한 후배에게 어디에서 시작해야 하는지 물었다. 그때 후배목사는 웃으면서 이렇게 대답했다.

"목사님, 하나님께서 다른 건 다 가르쳐주셔도 그건 안 가르쳐 주시던데요. 그게 개척에서 제일 어려운 부분이여요." 본인도 어디서 해야 하는지를 결정하는 것이 가장 어려웠다고 했다. 그 후배는 안산지역에서 교회를 개척하여 사역하고 있다.

아무것도 없이 어디서 시작해야 할지 모르는 나에게 하나님은 좋은 안내자를 보내주셨다. 총신대학교 사회복지대학원에서 함께 공부하는 김정숙 사모님이 계신다. 이분은 나를 만날 때 마다 자신이 살아온 경험을 한 가지씩 말씀해 주셨는데, 하나님께서 마치 개척교회를 위해 멘토를 준비시키셨다는 생각을 갖게 할 정도였다. 이날 사모님께서는 지푸라기라도 잡을 수 있는 곳에 가라고 하셨다. 누군가 작지만 도움이 될 수 있는 곳이어야 한다는 말씀이었다. 그 외에도 경험에서 나오는 원칙과 원리에 대해서 참 많은 조언을 해 주셨다.

여러 곳을 두고 기도했지만 마음이 답답하기만 했다. 그러던 중, 동료목사님께서 목욕탕에서 수원을 권해주셨다. 새로남교회 청년들 중에 수원으로 취직되어 많이 올라간다는 것이었다. 수원이라는 이야기를 들을 때 마치 한 줄기 빛을 보는 것 같았다. 그래서 기쁨으로 그곳으로 가야겠다고 결심을 했다. 그런데 막상 확인해보니 새로남교회에서 올라간 청년들은 모두 분당에 유력한 교회를 다니고 있었으며 그 교회는 한국교회가 주목하는 교회여서 나와는 모든 면에서 비교가 되지 않는다. 또 한 번의 절망을 경험하는 듯 했다. 그런데 참 묘한 것은 잘 못 알고 한 걸음 들어가고 속아서 한 걸음 들어가고, 잘못 판단해서 한 걸음 들어가는데 결국 그런 모든 것이 돌아보면 하나님의 섭리 안에 있었다는 것을 느끼게 된다. 그렇게 수원을 결정했는데 하나님의 뜻은 전혀 예기치 않은 곳에서부터 시작되었다.

늘 하나님께서 하시는 일은 그러했다. 이미 다 알고 계시면서 그 길로 인도하시지만 나는 두려워서 겨우 한 걸음 내딛고 다시 질문하고 또 한 걸음 내딛고 다시 질문하는 아이와 같이 주님을 따라가고 있었다.

수원으로 결정하기 까지

내가 수원에서 개척해야겠다는 결심을 하고 난 이후에 가장 많이 듣게 된 질문은 왜 하필이면 수원이냐는 것이다. 새로남교회에서 만 7년을 사역하는 마지막 과정에서 하나님께 진로에 대한 기도를 드렸다. 계속해서 부교역자로서 사역을 해야 하는지 아니면 기관사역을 해야 하는지 아니면 단독목회를 해야 하는지에 대해 기도를 드리던 중에 단독목회에 대한 응답을 받게 되었다.

그 다음 기도는 그러면 기존교회에 가야할 것인지, 아니면 개척을 해야 할 것인지에 대해 기도를 드렸다. 이 부분을 두고 기도드리면서 개척을 허락하신다면 하나님의 사인을 보여 달라고 기도를 드렸다. 이 기도가 진행되던 중에 새로남교회 근처의 세이브존이라는 아울렛 매장에 예배처소가 생기게 되었다. 새로남교회 성도이신 조영남권사님께서 전도를 하다가 그곳에 계신 분들이 생업으로 예배를 드리지 못하는 것을 알고 점장님께 요청하여 그 건물 4층 카페에서 주일예배를 시작하게 되었다. 이 사역을 도울 목회자를 요청하였을 때 교회에서 저를 그곳에 파견해 주셨다. 개척을 두고 기도하던 중에 일어난 일이라 하나님께서 새로운 교회를 개척하기를 원하신다는 것으로 받아드리게 되었다.

교회 개척을 염두에 두고 성공한 개척교회 목사님들을 만나 면담하고 목회지도를 받는 시간을 가졌다. 중국의 한 목사님은 공안에 잡혀가기를 반복하면서도 계속 개척을 진행해와서 자립성장했고 대구의 한 목사님은 학생 둘을 두고 몇 년간을 기도하다가 지금은 중견교회로 성장했고 서울의 한 목사님은 재개발지역안에서 리모델링을 통해 지금은 중견교회로 급성장하고 있었다. 이외에 많은 분들을 보면서 어디서든 열심히 하면 복음은 전파되고 교회는 성장한다는 것을 배우게 되었다. 심지어 사람이 몇 안되는 시골교회도 부흥하는 것을 보았다.

그 이후, '하나님 어디에서 개척할까요?' 라는 기도제목으로 기도를 시작했다. 많은 개척 후보지가 나왔지만 마음에 답답함만 가중되었다. 그러던 중에 어떤 목사님께서 새로남교회 출신들이 수원으로 많이 진출한다는 것을 알려 주셨다. 그들중에 모두가 다 모일수는 없을지 모르지만 새로운 공동체를 이룰 수 있는 가능성의 여지가 다른 지역보다 훨씬 많았다.

뿐만 아니라, 수원지역에는 제자훈련을 체계적으로 하는

교회가 다른 지역보다 적어 상대적으로 제가 목회하기에 더욱더 접합하다고 여겨졌다. 또한 이곳으로 확정하게 된 이유 중에 한 가지는 여기에 이미 이사와서 정착하셨지만 교회등록을 하지 못하신 성도님 중 몇 분이 기쁜 마음으로 제가 오는 것을 원하고 기다렸다. 비록 소수의 성도이지만 나와 뜻을 같이하는 분들을 그곳에 두셨고, 또 함께 이사갈 수 있는 분들을 허락해 주셨다. 그래서 이 지역을 두고 구체적으로 기도하기 시작했다.

수원을 마음에 두고 기도하면서 구체적으로 어디에서 시작해야 할지를 기도했다. 이 시점에 차를 구입해야 할 필요성을 느꼈지만 어떤 종류의 차량을 얼마짜리로 사야할지에 대한 답을 얻을 수 없어 기도했다. 기도하던 중에 시골 아버지께서 9인승 승용차를 사셨는데 필요하지 않아 나에게 양도하는 일이 생겼다. 그 차를 받고 난 이후에 이 차가 우리에게 가장 적합한 가격대와 가장 접합한 차량이라는 것을 알게 되어 이것 역시 하나님의 예비하심이라고 믿게 되었다.

어디에서 예배를 드리시기를 원하시며 어디에서 사역을 시작하시길 원하시는지를 두고 기도를 드렸다. 나의 고민은 개척에 함께 동참하겠다고 뜻을 밝힌 성도들이 전국산지에 흩어져 있어 이들을 어떻게 어디에 모아야 하는지에 대한 고민이 있었다. 수원, 죽전, 안양, 대전, 서울 등에 거주하는 마치 외인부대와 같은 성도들이 모여서 예배드릴 수 있으려면 교통이 좋아야 하는데, 그런 곳은 모두 경제적인 부담이 커서 오직 하나님만 믿고 시작하는 저에게는 쉽게 결정내릴 수 있는 문제가 아니었다.

앞으로 어디로 어떻게 인도하실지 알이지 못한다. 그러나 분명한 것은 여기까지의 인도가 하나님의 섭리로 인한 인도임을 믿고 감사를 드린다. 이제까지 우리를 인도하신 하나님께서 이 이후에도 우리를 인도하시리라 확신한다.

뜻이 있는 곳에 길이 있다

'주님 어디로 가야합니까? 일단 이사할 공간이 있어야 하는데 어떻게 해야 합니까?' 요즘 내가 자주하는 기도이다. 나는 교회 사택에 살고 있기 때문에 사택을 나오면 이사할 집이 없다. 그동안 모아둔 돈이 없어서 7년의 풍년이 끝나가지만 앞으로 닥칠 흉년을 위해 요셉처럼 창고도 없고 곡식도 쌓아놓지 못했다. 나이로 보나 경제적인 여건으로 보나 체력적인 면으로 보나 개척은 나에게 모든 것이 맞지 않는데, 자꾸 내 마음에 개척에 대한 생각을 주시는 것은 또 무슨 조화인지 모르겠다. 그리고 하나님이 하시는 일은 늘 놀랍기만 하다.

오늘 한 목사님과 우연찮게 이야기를 나누고 있을 때 그 목사님께서 어렵게 말을 꺼냈다.

"목사님, 수원에 빈 집이 하나 있는데 괜찮으면 목사님 목회하시는데 쓰셔도 좋을 것 같습니다." 이 목사님도 나를 만날 때는 이런 말을 계획한 것은 아니었는데 나의 사역에 대해 깊은 관심을 가지고 들으시다가 수원까지 정한 것을 말해주자 조심스럽게 자신이 소유한 집을 무상으로 사용하도록 해주시겠다고 했다.

이 분의 제안은 하나님께서 나에게 주신 선물이었다. 일단, 이사할 집이 생겼고 상황에 따라서는 가정에서 예배드릴 수 있는 공간이 생겼다는 것은 새로운 희망의 빛을 찾은 것과도 같았다. 그래서 그 집을 방문해 보았다. 그런데 생각보다 상태가 좋지 않았다. 그 집은 오랫동안 주인 없는 집으로 방치되어 생각보다 상태가 아주 좋지 않았다. 노숙인 들과 비행청소년들이 기거한 흔적이 보이고 온갖 쓰레기들로 가득 차 있었다. 가족들과 함께 방문했는데 수풀과 쓰레기로 가득한 그 집을 보고 두 아이가 큰 충격을 받은 듯 했다.

그날 집에 돌아와서 큰 아이는 일기에 '전쟁난 집에 다녀왔다.' 라고 기록했고 둘째는 '어제 무서운 집에 갔다 왔다' 라고 기록하였다. 험한 모습을 아이들에게 보여준 것은 큰 실수라는 생각이 들었다. 저녁마다 가정예배를 드리면서 아이들에게 수원에 가는 것을 알려주었는데 수원에 대한 부정적인 인상을 갖게 된 것 같아 걱정이 되었다.

나에게 집을 사용하라고 하신 목사님도 집 상태가 그 정도인지 몰라 굉장히 미안해하셨다. 그래서 건축을 하는 나의 신실한 친구 송명식집사와 함께 수리비용을 뽑아보니 만만치 않게 나왔고 송 집사는 교회로 시작하는 것으로는 권하지 않는다고 말했다. 그래도 내 마음에 이 집은 주님께서 주신 집이며, 나에게 희망을 주신 집인데 어떤 다른 방법이 없을지에 대해 생각하기로 했다. 그때, 집 주인인 목사님은 또 다른 파격적인 제안을 해 주셨다.

"목사님, 집수리를 목사님께서 하셔서 사용하신다면 나중에 목사님께서 나가실 때 집수리비는 그대로 보존해드리겠습니다." 참 고마운 말씀이었다. 그리고 내 친구 송집사도 기쁨으로 공사를 해 주었다. 집은 완전히 새집으로 거듭나게 되었고 모두가 기뻐하는 공간으로 바뀌가게 되었다. 이 집으로 인해서 개척에 대한 생각과 가능성이 한층 더 강화되었다.

하나님께서 하시는 일은 참 놀랍다. 집수리를 하는 과정에서 지역에 어려운 분들의 집을 수리해주거나 도배를 무료로 해 주시는 사단법인 금광밀알회 정성호회장님을 알게 되었다. 금광밀알회에는 지역의 가난한 분들의 집들을 고쳐주는 일을 하고 해외에 나가서 교회와 학교를 지어주는 일도 하셨다. 우리 집의 도배와 장판을 무료로 해 주시기로 했다.

이분들과 시골교회 리모델링과 건축으로 돕기를 좋아하는 송집사와 함께 만나 대화하면서 지금은 미약하지만 앞으로 함께 작은 교회들을 건축으로 돕는 사역을 구체화해서 진행하도록 교제하며 지내자고 말씀드렸다. 집이 아름답게 변화되어가는 과정을 볼 수 있어 감사했고 이 과정을 통해 어려운 자들을 기쁨으로 돕고자하는 좋은 분들을 만나게 하심에 또한 감사드린다. 하나님께서 하시는 일들은 인간의 생각과 상상을 늘 초월하게 하신다. 하나님께 영광을 올려 드린다.

함께할 동역자들을 보내 주시다

교회를 개척하여 교회로서의 순기능을 감당하는 시간까지 얼마나 걸릴까? 그 기간이 너무 길어진다면 내가 외부의 도움을 받아야 할 기간이 길어진다면 심각한 문제가 발생할 것이다. 무엇보다도 내 스스로가 사역을 해 나갈 용기를 갖지 못할 것이다. 늦게 시작한 만큼 빠른 자립을 하게 해 달라고 기도드린다.

탁월하신 목사님들의 성공사례를 읽고 듣다보면 절망감이 밀려오는 것도 사실이다. 그분들도 그때는 진지하고 힘들고 어려웠겠지만 이미 그릇이 나와 다르고 용량이 나와 다르다는 것을 많이 느끼게 된다. 어떤 분들은 전도를 탁월하게 잘하신다. 목사님들은 모두 전도를 잘해야 한다지만 나는 전도를 통해 큰 효과를 본 적이 그리 많지 않다. 지금도 전도를 하고 있지만 전도의 효과가 그리 확실하게 나타나지 않는다. 그리고 초기에 너무 새신자들로만 구성되면 교회로서 모습을 갖추는데 많은 시간이 걸리게 된다. 그래서 할 수 있다면 초기에 나와 함께 할 개척멤버가 생기기를 위해 기도드렸다. 하나님께 나와 함께 할 수 있는 사람들을 보내 달라고 기도드렸다.

요즘 나는 다윗에 대해 묵상하고 있는데 다윗이 다윗왕국을 건설할 때 그와 함께 했던 서른명의 영적친위부대의 이름이 거명되고 있다. 다윗이 목말라 할 때 적지를 뚫고 물을 떠온 세 명의 용사에 대한 이야기도 나온다. 아둘람 굴에서 도피할 때 그와 함께 했던 용사들의 이야기 그리고 다윗을 대신해서 기꺼이 모든 것을 다 버리고자 했던 요나단 후새와 같은 친구를 묵상했다. 그러면서 기도드렸다.

"하나님 아버지, 저에게도 저와 함께 주님의 거룩한 사역을 담당할 동역자들을 보내 주십시오. 다윗에게 함께했던 믿음의 용사들을 저의 인생에 허락해 주십시오." 하나님께 간절히 기도드렸다. 좋은 위치, 좋은 장소를 구하는 것은 사실 두 번째 문제이다. 정말 중요한 것은 나와 함께 할 사람들을 찾는 것이 더 중요한 일이었다.

오래전부터 나는 나의 미래에 함께 할 성도들을 위해 기도드렸다. 어느 교회에서 어떤 모습으로 사역하게 될지는 모르지만 하나님께서 미리 예비하시고 나와 만남을 계획하신 성도들을 위해 기도드렸다. 아버지가 되기 전에 좋은 아버지가 되게 해 달라고 나의 자녀들을 위해 기도했듯이 미래에 내가 만날 성도들을 위해 오래전부터 하나님께 기도드렸다. 이제 하나님께서는 그 성도들을 한 분, 한 분 보여 주시고 만나게 해 주신다.

수원으로 가기로 결정하고 여러 분들을 직간접적으로 접촉했지만 함께 할 분들은 아무도 없었다. 그런데 뜻하지 않은 곳에서 첫 응답이 왔다. 나의 사역을 항상 귀하게 여기는 강수경 집사님께서 이수현자매에게 내가 수원으로 개척하여 올라가려고 한다는 말을 전했는데, 아주 기쁘게 반응했다.

"그동안 교회를 정하지 못한 것이 목사님을 만나기 위한 하나님의 뜻이었던 것 같아요" 무척 기뻐해 주셨다. 개척을 시작하면서 일어난 첫 반응이었다. 너무 놀랍고 기뻤다. 그리고 이어 수현자매와 친한 나연자매에게 연락이 닿았고 이들도 기쁘게 반응했다. 분당에 사는 재관형제와 나연자매 부부가 함께 교회사역에 동참하기를 기뻐했다. 앞서 소개한 성진형제는 안양에 살고 있었지만 자신을 여기 보내신 것은 하나님께서 나를 도우라고 보내신 것이라며 확신을 가지고 기뻐해주었다. 살다보니 이런 은혜도 있다는 사실에 무척이나 기뻤다.

조현진형제와 결혼예정인 환옥자매도 결혼과 함께 개척에 참여하고자 했다. 교회가 시작한 뒤 합류시간까지는 조금 걸리겠지만 함께 하고자 했다. 서울이 직장이지만 교회 가까운 곳에 집을 구하겠다고 했다. 참으로 감사한 일이다. 이 두 사람은 아주 귀한 예비부부이다. 형제가 서울에 직장생활을 하면서도 여자친구의 교회가 논산근처에 있는 시골교회인데 중고등부를 돕고자 했을 때 기쁘게 반응하여 매주 토요일에 논산에 내려와서 중고등부를 인도하고 주일오후에 다시 서울로 올라가는 일들을 무려 몇 년간 계속해 왔다. 목회자들 못지않은 열정과 성실과 섬김이 탁월한 형제이다. 이들이 나와 함께 한다는 것이 너무 기뻤다.

서울에 거주하시는 정경자전도사님은 앞으로 자신의 남은 삶을 우리교회 뒤에서 기도해주시면서 남은 생을 보내시겠다고 하셨다. 아들이 목회하는 교회도 있는데 우리교회에 와서 예배를 드리고 나와 우리교회를 위해 기도하시겠다고 하셨다. 얼마나 감사한 일인가?

최현천자매와 유주봉집사 가족이 연결되었다. 분당에 사시는 이분들은 선교에 깊이 헌신되어 있는 분들이다. 최현천자매는 결혼전에 모아둔 혼수비용 전액을 새로남교회 건축헌금으로 드리고 오엠 선교회를 통해 선교사역을 다녀온 주님 사랑과 교회사랑에 대해 탁월한 자매이다. 남편 역시 선교와 영혼구원에 대한 열정이 충만한 분이시다. 이 가정이 기쁘게 사역에 동참하기를 원했다. 정말 감사한 일이다.

캄보디아 단기선교를 함께 다녀온 이후 귀한 믿음의 교제를 나눈 택인형제와 주연자매 그리고 유현이가 함께 개척에 합류하기로 했다. 분당에 거주하지만 기쁜 마음으로 함께 새로운 교회를 세워가는 일에 협력하기로 했고 택인형제는 차후에 교회 홈페이지 관리를 담당해 주기로 했다. 정말 감사한 일이다.

대전에 있는 한 성도의 가정은 여러 가지로 어려움을 당하고 있었는데, 최근에 나와 만남을 갖게 되었다. 이들은 우리교회가 세워져 가는 것을 기뻐했고 비록 몸은 멀리 떨어져 있지만 할 수 있을때까지 참여하며 좋은 공동체를 이루는데 힘을 다하고자 하였다. 이들을 마지막 때에 만나게 하신 것이 하나님의 섭리라고 믿는다. 내게는 아주 소중하고 귀한 가정이다. 신용선자매는 나연자매의 친구로 수원에 살고 있다. 나연자매를 통해 연결되었다. 앞으로 함께 믿음생활을 하게 될 지도 모른다는 말을 듣는 그 순간부터 벽에 이름을 붙여 놓고 용선자매를 위해 기도하기 시작했다. 하나님께서 선한 길로 인도하시리라 확신한다.

내가 가진 가장 큰 의문 중에 하나는 과연 내가 모르는 사람들 중에 개척교회에 등록하는 사람이 있을까라는 의문이었다. 물론 이론적으로는 가능해야하고 또 그래야만 교회가 성장하겠지만 심증적으로는 정말 그런 일이 일어날까에 대한 의문이 있었다. 그런데 하나님께서 그 의문을 곧바로 해결해 주셨다. 학교에서 함께 공부하는 이옥련 과대표가 이전에 지역아동센터를 운영할 때 거기서 식당을 보시던 김행자집사님이 교회에 상처를 많이 받아 좋은 교회를 찾고 있다고 해서 내가 개척하는데 가보라고 했는데 합류하시겠다는 연락을 받았다. 참으로 감사한 일이다. 내가 정말 그런 일이 가능할까를 물을 때 하나님께서는 가능하시다고 답을 주신 것이다. 개척을 하면서 수원에 들어가면 바울이 빌립보성에 이르렀을 때 자주장사 루디아를 만나 그 길을 인도받은 것처럼 내게도 그런 일이 일어나게 해 달라고 기도드렸다. 그런데 수원에서 첫 성도를 만나게 된 것이다. 그것도 이 성도는 개척멤버가 될지도 모른다. 모든 것이 하나님의 은혜임을 고백한다.

일반적으로 개척을 시작하는 목회자의 나이로는 나는 조금 늦은 편에 속한다. 그래서 가능하면 속히 자립하여 교회로서의 순기능을 담당하게 해 달라고 하나님께 기도드렸다. 하나님께서 초기에 함께 하실 분들을 보내 주신 것이다. 뿐만 아니라, 비록 거리는 떨어져 있지만 함께 교회를 세워가는 일에 기도하며 협력해주고자 하는 믿음의 동역자들도 만나게 해 주셨다. 모든 것이 하나님의 은혜이며 하나님의 인도임을 고백한다.

예배처소 구하기

어느 도시에서 목회를 시작해야 할 지를 결정하는 것도 어려웠는데 교회 장소를 선정하는 것 역시 만만치 않았다. 교회 장소를 구하는 것은 누구와 결혼하는가를 결정하는 것만큼 어렵다는 사실을 배웠다. 일단 가장 먼저 부딪치는 한계는 재정적인 한계였다. 가진 것은 적으면서 마음에 드는 예배처소를 구한다는 것은 참으로 어려운 일이었다. 그렇다고 해서 믿음이라는 미명하에 무작정 질러버리면 세상 속에서 또 비웃음거리가 되는 교회가 하나 생길지도 모른다.

내가 교회장소를 알아보는 지역들 중에는 교회를 건축하고 부도가 나서 '유치권 행사'라고 붙어 있는 교회가 있었다. 참 가슴 아픈 일이다. 저 상황까지 왔다면 성도들과 목회자의 마음에는 얼마나 상처가 크게 남았을까? 그리고 무엇보다도 교회의 명예가 땅에 떨어지고 있다는 생각이 마음을 아프게 했다. 정말 형편이 된다면 저런 교회를 인수해서 교회다운 교회를 만들어보고자 하는 마음이 저절로 생겨났다.

처음에는 지인이 사용하도록 주신 집에서 가정교회로 시작하려고 했다. 거기서 소그룹모임도 하면서 천천히 시작하려고 했다. 물론 주택가 안에 있어 크게 찬송 부르거나 활동이 자유롭지 못하고 주차에 애로점이 많은 것은 있지만 궁여지책으로 가정에서 예배드리는 것을 많이 생각했었다. 그런데 남서울노회 개척추진위원회에서 1월이나 2월에 개척설립예배를 드려야 한다고 했다. 순간 모든 것이 엉망이 되어 버렸다. 8명의 위원이 참석하고 개척멤버, 그리고 새로남교회에서도 예배드리러 오신다면 끄악! 답이 나오지 않는다. 그래서 무리가 되더라도 교회장소를 속히 구하고자 노력하게 되었다.

지인이 사용하도록 주신 이 집을 교회로 사용하지 못한다면 사택으로라도 사용할 수 있는 방안을 검토하면서 기도했다. 내가 할 수 있는 모든 것을 다 하면서 또 하나님의 인도와 섭리를 구했다. 어디에다가 교회 장소를 구해야 하는지 자문을 했을 때 학교에서 함께 공부하시는 김 사모님께서 좋은 말씀을 많이 해 주셨다. 나중에는 기준자체가 흔들려 마음대로 결정하게 되기 때문에 그 기준들을 적어 다니라고 하셨다. 그래서 그 기준들을 하나씩 적어 보았다.

첫째, 주차공간이 넓을 것, 우리교회 성도들은 모두 멀리서 오기 때문에 주차문제가 해결되지 않으면 어려움을 느낀다. 만일 건물자체에 주차공간없다면 이면 도로나 공원 등 우리가 활용할 수 있는 주차공간이 있어야 한다는 생각으로 주차공간이 확보되는 곳을 찾았다.

둘째, 엘리베이터가 있을 것, 우리교회 성도들의 대부분은 결혼을 준비하는 중이거나 결혼하여 어린 아기를 둔 가정이다. 계단이 있는 건물은 이들이 유모차를 끌고 들어오는데 불편함을 준다. 이들에게 최대한 불편이 없도록 해야 한다. 처음 생각한 비용이 너무 적어서 그 금액으로 엘리베이터 있는 건물을 임대하기란 참으로 어려웠다. 그러나 계속해서 찾아보고자 한다.

셋째, 월세가 없을 것, 참 어려운 문제이다. 월세 없는 건물을 찾는다는 것은 참 어렵다. 대부분의 건물들은 월세를 많이 요구하여 무척이나 곤욕스러웠다. 차후에 하나님께서 월세도 넉넉히 갚으면서 운영할 수 있는 힘을 주시면 그때는 더 나은 장소를 찾을 수 있지 않을까?

넷째, 접근성이 용이할 것, 우리성도들의 대부분은 분당과 서울, 안양, 용인에 산다. 이들의 접근성이 용이한 곳을 찾아야 한다.

수원에서도 어디에서 시작해야 할지가 참 막연했다. 그중에 두 곳을 마음에 두게 되었다. 한 곳은 지금 대전의 서구와 유사한 영통 기흥 지역으로 아파트 단지가 밀집된 지역으로 인구유입이 많은 곳이다. 두 번째 곳은 광교 신도시였다. 이런 과정에서 고려되어야 하는 부분이 재정적인 부분이었다. 그리고 그 범위내에서 여러 가지 가능성을 두고 기도하던 과정에서 자연스럽게 북수원쪽을 결정할 수 밖에 없는 상황들이 생겼다. 이런 과정을 통해 위치를 선정하고 나니 마음이 기뻐졌다.

아파트단지가 있는 상가로 들어가는 문제에 대해서 처음에는 고려해 보았으나 먼저 개척하신 분들의 이야기를 들으니 거기서 나오신 분들은 교회가 길하나 건너 이전해도 나오지 않는다고 했다. 결국, 관건은 사람을 쫓아가는 교회가 아니라 사람들이 찾아오게 하는 교회가 되어야 한다고 건축을 하시는 집사님이 알려 주셨다.

요즘은 건물 있는 교회를 보면 왜 이렇게 부러운지 모르겠다. 어떤 이들은 교회성장과 교회건축을 교회의 부정적인 이미지로 많이 몰아가는데 꼭 그런 것만은 아닌 것 같다. 그렇게 말하는 분들 중에 상가 임대교회를 기쁘게 출석하는 사람들이 얼마나 있는지 묻고 싶은 마음도 든다. 모든 것 하나하나가 결코 쉬운 일은 아니지만 그래도 엉킨 실타래를 풀어 가는듯 한 즐거움이 있고 어려움을 극복해가는 즐거움이 있다. 하나 님께서 우리를 위해 예비하신 그곳이 어디일까? 하루 속히 그 곳에서 예배를 드리고 싶다.

요셉의 마음을 배우다

어제 저녁 길을 걸으면서 깊은 생각에 잠겼다. 지금 내 마음은 곧 아이가 태어날 텐데 아이를 위해 집을 준비해 주지 못하는 아버지의 심정이다. 예배장소를 위해 기도를 하다가 문득 말구유에 누우신 예수님이 생각났다. 해산이 가까운 마리아를 데리고 베들레헴 이곳저곳을 찾아 헤매며 방을 구하는 요셉의 모습이 떠올랐고 아기를 낳아 구유에 누일 때의 비록 육신의 아버지이지만 한 가정의 가장으로서 그가 가져야 했을 마음의 부담이 느껴졌다. 어쩌면 우리가 처음 모여 예배드려야 할 곳이 가정집이 될 수도 있다는 생각이 참 여러 가지로 마음을 쓰이게 한다. 이들에게 더 좋은 환경에서 예배드리고 교제할 수 있게 해 주고 싶은데 어쩌면 나도 말구유에 아기를 누일 수밖에 없는 아버지가 되진 않을까라는 안타까움이 밀려들었다.

몇 주를 계속해서 수원지역을 다니고 있지만 참 어렵다. 산 좋고, 물 좋고, 정자 좋은 곳이 없는 것은 당연한 것이며 무엇보다도 경제적인 여건과 성도들이 이동거리와 그들에게 부담을 최소화하는 부분까지 모든 것을 고려해 볼 때 참 쉬운 문제는 아닌듯하다. 그러나 언젠가는 결정될 것이고 그 동안 내가 이렇게 계속 방문하고 다니는 것이 헛된 일은 아닐 것이라고 생각해 본다.

장소를 알아보러 다니며 또한 최근에 여러 가지 문제로 마음이 힘들어 있는데 함께 개척에 참여하기로 한 성도가 메일을 보내왔다. 오늘은 하나님께서 이 메일로 나에게 힘과 용기를 주셨다. 이들과 함께 한다는 것이 얼마나 큰 기쁨인지 지금 내 마음속에서 올라오는 기쁨을 달리 설명할 길이 없다.

페북에 올리시던 소식이 최근엔 뜸 하신 것 같아 어찌 지내시는지 궁금해서 연락드립니다~^^ 건강은 괜찮으시구요? 요즘 감기 조심하세요 저두 얼마 전까지 감기를 앓았는데 정말! 심하더라구요~ 미리미리 조심하세요~^^;
여러가지 일하시는데 뭐하나 도움이 못되어드려 죄송합니다 Y_Y;
교회부지로 많이 염려하시는 것 같은데 제 생각은 그렇습니다. 전에 어떤 분이 상가로 들어가는 건 안 된다구 하셨던거 같은데 전 그런 것에 제한 두시지 않으셨음 합니다.
어딘들 어떻습니까~?
천막치고 예배드린들 어떻습니까.... 목사님께서 교회를 개척하신다고 했을 때 괜찮은 교회건물과 주차장을 기대하고 같이 하겠다고 한건 아닌데요~ 다른 분들도 저와 같으시리라 봅니다. 목사님의 말씀과 마음이 함께하는 이들의 마음과 상처를 어우르신다면 곰팡이 핀 지하실 예배당인들 함께하지 않겠습니까~^^

제가 나름의 힘든 일을 겪으면서 깨달은게 있다면 사람의 일은 절대 단언 할 수도, 확신 할 수도 없다는 거더라구요. 하물며 사람의 일이 아닌 '주님의 일' 인데 우리가 어찌 알겠습니까?

설사 허름한 단칸 예배당에서 시작하게 되더라도 앞으로 어찌될지 누가 알겠어요? 다른 분들의 성공사례(?)를 근거한 것이 아닌 목사님만의 성공사례를 만들 수도 있지요 ㅎㅎ^^;

제가 주제 넘은 말을 한건 아닌지 걱정스럽기도 하지만 그냥 힘들어하실 목사님을 염려하는 마음이겠거니하구 봐주세요^^;

거듭 건강 조심하시구요~ 화이팅 입니다~! ^^

열두광주리교회 설립을 위한 기도문

우리를 지으시고 우리를 통해 영광 받으시길 원하시는 전능하신 하나님 아버지께 감사와 찬송과 영광을 올려 드립니다. 우리의 한 평생이 주님께 영광을 돌리는 삶이되길 소망하오니 하나님 아버지, 크신 영광 받아 주시옵소서.

부족한 저희들을 불러 주시고 이 시대 가운데 열두광주리교회를 개척하여 설립할 수 있는 마음과 용기주시니 참으로 감사드립니다. 이 교회가 진정 주님의 뜻 안에서 주님께서 기뻐하시는 교회로 세워가도록 능력으로 임하여 주옵소서.

사랑의 하나님, 하나님의 마음을 시원케 해 드리는 교회되게 하옵소서. 이 시대는 교회가 적어서 영적으로 갈한 시대도 아니며, 전파되는 말씀이 없어서 하나님께 영광 돌리지 못하는 시대도 아닙니다. 주님께서 주신 크신 부흥과 번성이 지금은 하나님의 영광을 가리우는 시대가 되었습니다. 만신창이가 된 한국교회를 불쌍히 여겨 주옵소서. 부족하지만 저희들이 일어나길 원합니다. 마른 막대기 같은 존재라도 전능하신 하나님의 손에 붙들릴 때 큰 구원의 도구가 되었듯이 하나님 저희들을 사용하여 주옵소서. 적은 능력, 적은 성도이지만 우리가 할 수 있는 최선을 다해 추락한 한국교회의 위상을 높이며 하나님의 마음을 기쁘시게 해 드리는 교회가 되게 하옵소서.

위로의 하나님, 성도들을 위로하며 그들을 행복하게 해 주는 교회되게 하옵소서. 어떤 이들은 말씀의 무지로 영적 빈곤을 경험합니다. 어떤 이들은 영육 간에 심히 지쳐 있습니다. 이 교회는 주님께로 찾아오는 자들에게 또 하나의 가정이 되게 하시며 작은 천국 되게 하여 주옵소서. 지친 영혼 새 힘 얻고 상처 입은 가정이 치유 받아 주님께서 주신 참된 행복을 풍성히 누리며 나누는 교회되게 하옵소서.

능력의 하나님, 열두광주리교회는 사람의 능력이 아니라 하나님의 능력에 붙들린 교회되게 하옵소서. 교회를 통한 하나님의 거룩하신 뜻을 이루고자 일어섰으나 우리의 힘은 지극히 미약합니다. 우리와 함께 할 자들을 보내주시고 하늘에서 내리는 만나와 메추라기로 백성들과 함께 하셨듯이 지극히 크신 하나님의 능력이 설립초기부터 나타나게 하옵소서. 그리하여 모든 사람들이 하나님께서 세워 가시는 기적을 날마다 고백하는 은혜가 있게 하옵소서.

좁은 길로 가라고 하신 주님, 좁은 문으로 가라고 하신 주님, 우리의 목회자와 우리의 성도들에게 은혜를 내려 주옵소서. 갈 교회가 없어서 이 길을 선택한 것이 결코 아님을 주님께서 아십니다. 비록 우리에게 주님께서 허락하신 저마다의 짐이 있더라도 주께서 주신 사랑의 힘과 성령의 능력으로 기쁘게 이 길을 걸어가게 하옵소서. 가난한 자식들에게 밥을 먹이기 위해 등에 쌀을 짊어지고 고개를 넘는 아비의 심정을 저희들에게 허락하여 주옵소서. 그리하여 영적으로 굶주린 저들에게 온전한 복음을 전하게 하시며 이 시대의 교회의 참모습을 나타내게 하사 오직 주님께만 영광 돌리는 교회되게 하옵소서.

우리의 시작을 위해 축복하며, 기도하며, 물질로 헌신하는 귀한 교회들과 성도들에게 복을 주시길 원합니다. 주를 위해 사는 자가 누리는 마음의 기쁨과 헌신의 대가가 무엇인지 주님께서 친히 이들의 생애를 통해 증명하여 주옵소서.

하나님 아버지, 우리는 큰 교회를 원하지 않습니다. 폭발적으로 부흥하는 교회도 원하지 않습니다. 그냥 주님과 함께 행복하며 주님께서 눈물을 닦아주길 원하는 그들에게 친구가 되어주는 교회이길 원하오니, 주여, 우리의 마음의 소원이 주께 열납 되기를 원합니다. 부스러기 같은 저들이지만 주님의 손에 붙들려 아름답게 쓰임 받는 공동체 되길 원하오니, 하나님 아버지, 열두광주리교회에 복을 주옵소서. 아름답게 세워지며 아름답게 쓰임 받게 하옵소서. 우리 교회 설립의 이유와 목적되신 예수 그리스도의 이름으로 기도드립니다. 아멘.

광야를 지나 축복의 땅으로

수원의 빈 집이 사택으로 공사되어 가는 것도 은혜로 진행되었다. 빈 집을 무상으로 사용하도록 허락해주신 목사님, 그리고 기쁘게 공사를 도와준 친구 모두가 감사하다. 수원에 올라가는 길에 전기공사로 봉사해 주시는 조성구 집사님께서 웃으면서 말씀하셨다.

"목사님, 이제 광야로 나가셔야 겠네요. 어떻게 이렇게 어려운 일을 결정하셨대요" 광야로 나간다는 말을 듣는 순간 지금 강의하고 있는 출애굽하여 광야를 지나는 백성들의 모습이 생각났다.

풍요로운 애굽이 좋아 하나님께서 주신 언약을 그들은 잊고 있었지만 하나님께서는 고난과 번성을 겸하여 백성들에게 주시면서 그들이 가야할 약속의 땅이 있음을 알게 해 주셨다. 그리고 그들은 가나안으로 가기 위해 애굽을 떠나야 했고 그리고 광야를 지나야만 했다. 아주 단순한 이치이지만 가나안에 이르기 위해서는 반드시 광야를 지나야 한다는 점이다. 마음 같아서는 광야 없이 바로 들어갈 수 있는 길이 있다면 얼마나 좋으련만 가나안으로 가는 길에는 반드시 광야를 거쳐야 한다.

'광야를 지나 축복의 땅으로' 당분간 나의 표어로 삼고자 한다. 성도가 어느 정도 모이고 교회가 자립이 되면 조금더 산 쪽으로 들어가서 전원교회를 만들고 싶다. 찜질방도 만들어서 예배드리고 옷을 다 갈아입고, 축구하고, 농사짓고, 찜질하다가 제자훈련도 하고, 팀을 나눠서 지역의 봉사나 시골교회 도우러 떠나거나 해외봉사와 선교도 다녀오고, 저녁에 되어 떠날때는 서로가 그리워 손을 흔들며 다음 주에 또 만날 것을 기대하며 기다리는 그런 교회를 생각해 본다.

물론 이런 모습은 교회의 본질이 아니라, 운영적인 면을 강조한 것이다. 지상의 교회는 완벽하거나 모든 이들의 꿈을 충족할 수는 없을 것이다. 내 꿈과 기대에 못미칠 수도 있다. 그러나 꿈을 꾸는 동안 행복하고 꿈을 이루기 위해서는 반드시 광야를 지나야 한다는 점이다. 나는 늘 하나님께 기도드린다. 교회가 다른 이들에게 도움을 받는 기간이 최대한 단기간이 되고 속히 교회가 교회로서의 순기능을 감당하게 해 달라고 기도드린다.

개척준비 목사의 주제곡

주와 같이 길 가는 것 즐거운 일 아닌가
우리 주님 걸어가신 발자취를 밟겠네
한 걸음 한 걸음 주 예수와 함께
날마다 날마다 우리는 걷겠네

어린 아이같은 우리 미련하고 약하나
주위 손에 이끌리어 생명길로 가겠네
한 걸음 한 걸음 주 예수와 함께
날마다 날마다 우리는 걷겠네

꽃이 피는 들판이나 험한 골짜기라도
주가 인도하는 대로 주와같이 가겠네
한 걸음 한 걸음 주 예수와 함께
날마다 날마다 우리는 걷겠네

옛날 선지 에녹같이 우리들도 천국에
들려 올라 갈때까지 주와 같이 걷겠네
한 걸음 한 걸음 주 예수와 함께
날마다 날마다 우리는 걷겠네 아멘

나는 요즘 이 찬양으로 큰 은혜를 받고 있다.

개척교회 목사의 아이들

교회개척은 나에게뿐만 아니라, 우리 아이들의 삶에도 영향을 미친다. 그래서 가정예배때 아이들에게 이야기를 나눴다.

"이제 아빠가 교회를 개척하러 수원으로 갈 거야, 그러니까 우리 이사가야 해" 마음의 준비를 하라고 아이들에게 말했다. 그러자 초등학교 2학년 큰 아이가 대답했다.

"아빠, 그러면 아빠는 교회 출근 안해?" 아이들의 가장 큰 관심은 아빠와 함께 있는 것이다.

"그럼, 이제 아빠 교회 출근 안하고 너희들과 같이 계속 있을 수 있어, 우리교회가 집이고, 우리 집이 바로 교회거든"

처음에는 아빠와 함께 있다고 신나하던 아이가 잠시 후 싫다고 했다. "아빠, 교회가 우리집이면 그 많은 청소는 누가 해?" "네가 하면 되지?" 아이는 싫다고 한다.

피아노를 이제 배우기 시작한 아이에게 열심히 배워서 교회 반주하라고 했다. 그런데 잠시 후 울먹이면서 엄마에게 왔다. "엄마, 나 피아노 배우기 싫어, 나 반주할 자신 없단 말이야" 무척이나 고민이 되었던 모양이다. "그래, 그러면 동생한테 열심히 가르쳐 주렴, 동생보고 반주하게 하자"

얼마 전에 가정예배 때 아이가 기도하면서 이런 기도를 드렸다. "사랑의 하나님, 우리 아빠가 교회를 개척하게 되는데 잘 할 수 있게 해 주세요." 아이의 입에서 처음으로 교회 개척에 대한 기도가 나왔다. 얼마 전에는 주일학교 선생님께서 아이에게 우리 가정에 대한 안부를 물으셨다고 한다. 그때 우리 아이의 대답이 걸작이었다.

"요즘 아빠가 교회 개척을 준비하고 있는데, 잘하고 있는지 모르겠어요." 아빠의 개척을 염려하는 아이의 마음이 느껴진다.

어제 아이와 대화를 나누었다.

"아빠, 여자도 목사님 될 수 있어?"

"그럼, 우리교단은 지금은 안되지만, 다른 교단에는 여자목사님도 있어" "왜, 너도 아빠처럼 목사님되고 싶니?"

" …."

무언가를 생각하는 듯 하더니, "아빠, 나도 나중에 개척하면 좋은 교회될까?" 아이의 입에서 나오는 뜻밖의 말에 놀랐다.

"그럼, 네가 개척하면 아주 좋은 교회될 거야" 아이에게 덕담을 건넸지만, 내 마음은 참으로 묘했다. '아, 부모님이 지금 이런 심정이시겠구나' 라는 생각을 다시 해 보게 되었다. 아이와의 대화가 좀 더 이어졌다.

"아빠, 우리 나중에는 서울로 이사가자"

"왜?, 수원도 서울에서 가까워"

"아니, 서울에는 사람들이 더 많으니까 거기가면 더 많이 전도할 수 있잖아"

사실 어리고 아무것도 모르는 줄 알았는데 부모의 대화를 듣고 있었고 나름대로 고민을 하고 있었던 모양이다. 나는 단지 아이들이 친구들과 헤어지는 것, 새로운 환경에 적응해서 살아야 할 부담 등의 문제로 고민할 줄 알았는데 아이들의 머릿속에도 아빠의 교회개척이 늘 들어있다는 것을 느꼈다. 개척은 나 혼자하는 것이 아니라 나의 자녀들도 함께 하고 있다는 것을 알게 되었다. 개척준비가 아이들을 성숙하게 해 주는 기회가 될 것이라는 생각이 든다.

겨울이 오기 전에

디모데후서를 묵상하다가 바울이 디모데에게 겨울이 오기 전에 오라는 말씀을 읽었다. 이 말씀을 묵상하면서 실질적인 추위가 몰려오는 계절적인 겨울도 느껴졌지만 바울의 인생의 마지막 겨울이 떠올랐다. 그리고 앞으로 내가 가야할 내 인생에 닥칠 겨울이 생각났다. 그러면서 자연스럽게 말씀을 더 깊이 묵상하게 되었다. 바울은 인생이 겨울을 앞두고 무엇을 준비하고 있는지를 살펴보게 되었다. 그리고 이 말씀으로 주일 저녁예배 때 말씀을 전하기도 했다.

철저히 일중심이며 사역중심이었던 바울은 마지막 순간이 오자, 사람중심으로 바뀌가고 있었다. 그는 얼마나 많은 사역을 했는가를 설명하는 것이 아니라 자신의 주변에 누가 남아 있고 누가 떠났는지 사람에 대해 이야기하고 있다. 그리고 논리적으로 철저한 검증과 변증을 선호하던 바울은 마지막에 감정적인 이야기들을 많이 쓰고 있다. 혼자 남아 있다. 너는 속히 오라 등 개인적인 감정을 표현하는 말을 많이 하고 있다.

사람은 결국에 가서는 사람중심, 감정형이 될 수밖에 없다는 것을 배웠다. 그리고 바울이 자신에게 상처를 주었던 사람들의 허물을 묻지 않기로 하고 예전에 자신이 버렸던 마가를 찾는 것을 통해 관계의 복원에 주력하는 모습을 살펴보게 되었다. 이제 얼마 있지 않으면 나는 이 교회를 떠난다.

처음 부임 할 때부터 한결같이 기도했던 제목은 축복 속에 떠나는 것이었다. 아름다운 마무리를 위해 힘써야 함을 느낀다. 특별히 관계적으로 소원해졌거나 어려워진 동료들이나 성도들이 있다면 관계회복을 위해 더욱더 힘쓰고 노력하며 기도해야 하겠다는 결심을 해 보게 된다.

나는 이제 이별 준비를 해야 한다. 이곳은 나의 제2의 고향과도 같은 곳이다. 첫째가 여기서 걸었고, 둘째가 여기에서 태어났다. 나의 외모나 경륜이나 목회적으로 모든 면이 일취월장 성장한 곳도 대전이다. 내가 새로남을 떠난다고 생각하니 가장 슬픈 것은 그래도 인간적으로 정이 든 많은 분들에게 더 이상 개인적인 연락을 드릴 수 없다는 것이 가장 슬펐다. 예전에 서울에서 내려올 때도 모든 연락을 끊어야 했기에 참 마음이 안타까운 때가 있었는데 이제 그것을 다시 한번 경험해야 한다는 것이 안타깝다. 나와 관련된 많은 분들에게 아름다운 기억과 아름다운 사랑을 남기고 떠나게 되기를 기도드린다.

이제 시베리아로 나가야 한다. 요셉은 7년 풍년 동안 창고를 쌓아놓아 7년의 흉년을 대비했는데 나는 7년 동안 한마디로 베짱이처럼 잘 먹고 잘 쓰고 잘 놀았다. 겨울이 온다는 것을 미처 생각하지 못했었던 것이다. 만일 7년 전부터 내가 개척하겠다는 생각을 했었다면 어떠했을까를 생각해 보게 된다. 청년부사역을 계속했을 것이며 사례비도 꼬박 꼬박 저축해 놓지 않았을까를 생각해 보았다. 그러나 어쩌랴, 한치 앞도 예상하지 못하는 것이 인생일 것을....

하나님께 기도드렸다. 아름다운 관계를 회복하고 할 수 있는 한 모든 사람과 화평한 관계 속에서 이들의 축복을 받으며 새로운 출발을 하게 해 달라고 기도드렸다. 사역의 이동에 대해 일찍 나누는 바람에 약간의 오해들과 어려움이 없지 않았으나 그것 역시 잘 해결되니 참 감사하다. 이제 나는 새로남에서의 사역을 정리하며 나와 함께 했던 많은 분들과의 아름다운 관계를 정립해야 한다. 나에게 은혜를 베푼 모든 분들에게 은혜를 부어 달라고 하나님께 기도드렸다.

사역의 한 부분을 마치면서 내가 목회를 은퇴할 때는 어떠할 지에 대해서 생각해보았다. 그때는 '얼마나 많은 일을 했는가' 보다는 '얼마나 사람들을 많이 사랑 했는가?' 로 평가받고 그것으로 만족하며 기뻐할 수 있으면 좋겠다.

도곡산 기도원에서

기도원에 올라왔다. 금식기도를 하러 왔다. 내가 금식을 한다면 세상이 다 놀랄 것 같다. 체력적으로 약하고 또 현재 약간의 지병을 갖고 있는 상황이어서 금식이 어떤 영향을 줄지는 나도 모르겠다. 어차피 금식이라는 것은 세상의 모든 줄을 끊고 하나님만을 바라보겠다는 결단이 아니던가?

기도원 작은 방에서 기도를 드리다가 성경을 읽고 힘들면 잠시 누워있기를 반복했다. 마음이 참 편안해져온다. 내가 기도원을 찾은 이유는 두 가지이다. 첫째는 이제 명실상부한 담임목사로서 한 교회의 책임자로서 출발하기 전에 과거의 모든 것을 단절하는 의미이다. 나의 잘못된 습관, 죄성, 연약함 등 담임목사로서는 가지지 말아야 할 것들을 모두 단절하는 시간이 필요했다. 마치 가나안에 입성하기 전에 길갈에서 이스라엘백성들이 할례를 받았던 것처럼 나에게도 그런 시간이 필요하다고 느꼈다.

두 번째는 하나님의 인도하심과 도우심을 구하기 위해서이다. 교회개척은 믿음으로 하는 것도 맞지만 돈으로 한다는 것도 틀린 말은 아니다. 하늘에서 천사가 내려와서 교회개척을 시켜주지 않는 한 육신을 입었기에 공간이 필요하고, 그것을 임대할 돈이 필요하다. 출애굽기를 계속 묵상하는데, 하나님께서 만나와 메추라기를 내리신 기적들을 묵상하게 되었다.

"주님 나에게도 하늘에서 만나와 메추라기를 내려 주옵소서! 제가 의지하고 믿고 기댈 수 있는 곳은 주님뿐입니다. 나의 육신의 부모는 자식에 대한 마음만 간절하여 주님께 기도할 뿐입니다. 아버지 하나님께서는 모든 것을 베푸실 수 있는 분이십니다."

이번 주일 외부교회에서 설교가 있어서 그와 관계된 일들을 하기 위해 휴대폰을 켰다. 그리고 잠시 사용하고 휴대폰을 끄려고 하는데 070으로 시작하는 번호로 전화가 왔다. 유학하시는 분이신데 열광교회의 개척을 기뻐하며 돕고 싶다는 전화였다. 이런 연락을 받을 때마다 마음이 미어지는 것 같다. 대부분 어려운 분들이 돕기를 기뻐하시니 이것 역시 미안하고 감사하기도한 마음의 벅참이 계속된다.

후원을 요청하는 것은 참 고통스러운 일이다. 잠시 전화를 켜 논 때에 온 전화는 하나님께서 내게 용기를 주시기 위한 하나님의 배려라는 생각이 들었다. 하나님께서는 나와 함께 하심을 내게 알리고 싶어 하신 것이라는 생각이 들었다.

뿐만 아니다 기도원에서 좋은 교회 건물이 나왔다는 연락이 왔다. 내가 찾고 있는 이상적인 건물이라는 부동산업자의 말이었다. 기도하면 모든 것이 된다는 말씀을 다시금 확인하게 되었다. 하나님께서는 과거를 단절하고 새로운 출발을 하고자 하는 나에게 하나님께서 이사야 43장 말씀을 여러 경로를 통해서 묵상하게 하셨다.

"너희는 이전 일을 기억하지 말며, 옛날 일을 생각하지 말라. 보라 내가 새 일을 행하리니 이제 나타낼 것이며, 너희가 그것을 알지 못하겠느냐 반드시 내가 광야에 길을 사막에 강을 내리니 장차 들짐승 곧 승냥이와 타조도 나를 존경할 것은 내가 광야에 물을, 사막에 강들을 내어 내 백성 내가 택한 자에게 마시게 할 것임이라"(이사야 43:18-20)

나는 광야에 길이 나는 것이 어떤 것인지, 사막에 강이 나는 것이 어떤 것인지 잘 안다. 오래전에 우즈벡을 통해 아프카니스탄으로 들어간 적이 있었다. 아무다리아 강을 건너고 큰 모래 사막을 건너야 했다. 그런데 그 사막 가운데로 잘 포장된 길이 있었다. 가끔씩 바람이 불어 길이 덮이면 천천히 가야했지만 광야에 난 길은 사막에서 차로 힘차게 달릴 수 있게 해주었다.

아프카니스탄은 초목지대였다. 그런데 한참을 달렸을 때 큰 폭포가 있는 곳을 보았다. 거기에는 울창한 숲이 있었고 물이 풍부했다. 그리고 그 물줄기를 따라 계속 차로 달렸다. 물이 많은 곳에는 큰 나무가 있었고, 조금 적은 곳에는 작은 나무들이 있었다. 그리고 더 달려가니 풀들이 많이 있었다.

계속해서 차는 달렸다. 그리고 드디어 물이 끊어지는 곳까지 다다랐다. 그곳은 사막이 되어 있었다. 만약에 처음 출발했던 그곳에 물이 더 많았다면 이 물줄기가 몇 km만 더 뻗어 갔다면 물이 흘러간 그 곳만큼은 모두 초목지로 바꿔 있었을 것이다. 지금보다 더 가뭄이 든다면 이 물줄기는 짧아질 것이고 지금 양들이 먹고 있는 저 풀들도 없어질 것이다.

광야에는 아무런 생명도 없지만 물이 있으면 모든 생명이 다시 살아나게 된다. 광야를 지나는 것은 무척 힘들지만 길이 있으면 쉬이 빨리 지나게 된다. 지금 하나님께서 나에게 말씀하신다. 나의 사역이 광야로 나가는 것 같을지라도 거기에 길을 내어 주시고 사막에 강을 내어 주시겠다고 하신다.

잠시 눈을 감고 그때 보았던 그 광야와 물이 흘러 초목지대가 된 그 땅들을 생각해 보았다. 그리고 감사기도를 올려 드렸다.

사모라는 이름 속엔 눈물이 있습니다

조금전에 조성희 사모님이 만드시는 사모들을 위한 잡지인 라일락지를 받았다. 내용이나 디자인이나 어디를 내 놓아도 전혀 손색이 없는 탁월한 메거진이라는 느낌이 팍 팍 온다. 첫 장을 넘기면서 글을 읽을 때 참 목회에 필요하며 바른 분별과 바른 깨달음을 주는 내용들과 은혜와 감동이 있는 내용들이 고루 있어 읽으면서 내내 행복을 느낀다. 거기다가 유머란까 지 있어 금상첨화이다.

라일락을 읽으면서 '참 좋구나' 라는 느낌으로 계속 페이지 를 넘기는데 내 눈이 한 칼럼에 고정되었다. 목사님의 따님이 자기 어머니에 대해 쓴 글이었다. '사모라는 이름 속엔 눈물 이 있습니다.' 라는 제목이었다. 처음 글을 읽어 내려가는데 어쩌면 나하고 상황이 그리 유사한지 꼭 내 이야기를 우리 딸 이 하고 있는 듯 했다.

큰 교회에 부목사로 6년을 있었고, 그때에는 별 문제없이 그냥 잘 지냈지만 개척의 길을 들어서면서 모든 문제가 어려 워지는 것을 보았다. 따님께서는 어린 나이에 부모님이 개척 을 하고 교회가 생기고 아빠와 함께 있을 시간이 많아서 좋았다는 것을 고백하고 있다. 지금 우리 딸이 그렇게 생각하고 있다. 아빠와 함께 개척하게 되면 교회안에 집이 있기 때문에 늘 아빠와 함께 있게 될 것이라는 기대감에 부풀어 있다. 얼마 전 아빠와 온 종일 함께 있을 수 있겠다는 기쁨을 피력하던 딸의 모습이 이 글을 읽으면서 갑자기 오버랩 되었다. 그리고 그 다음 이야기가 궁금해졌다. 마치 그분의 지나온 길이 내 아이의 미래가 되지는 않을까라는 기대감으로 글을 읽기 시작했다.

글 제목처럼 그 후에 아이는 자라면서 학교에서 돌아와 집에 왔을 때 엄마가 없는 빈 집에 있어야 했던 기억, 어려서 잘은 몰랐지만 교회의 어려움으로 성도가 떠나는 모습, 엄마 아빠가 밤낮 교회의 온갖 허드렛일을 해야 하고 결국, 두 분의 건강이 나빠져 가는 이야기 등 등.

글을 읽어 내려가는 동안 그 자매가 겪었을 마음의 부담이 나의 부담처럼 여겨지기 시작했다. 그리고 머잖아 나의 아이들의 미래의 모습이 되진 않을까라는 염려도 되었다. 우리의 선하신 하나님께서는 많은 고통 속에서 이 가정을 아름답게 만들어가셨고 자매의 마음에도 하나님을 알며, 하나님의 은혜를 경험케 하셨다. 무엇보다도 엄마의 눈물 속에서 하나님을 향한 헌신과 충성과 은혜를 보게 했다. 그래서 감사드렸다. 하나님께서 하나님의 사람들을 아름답게 만들어 가시는 것에 대해서 깊이 감사를 드렸다.

그럼에도 불구하고 여전히 이 글을 다 읽고 난 후에 진한 아쉬움이 남았다. 그리고 하나님께 묻고 싶은 생각이 들었다.
"하나님, 목회자 자녀들은 한평생 계속 행복하면 안되나요? 꼭 고통을 지나고 그 고통을 통해서 은혜와 사랑의 교훈을 받아야만 하나요?"

어쩌면 미래의 내 딸의 고백이 될지도 모르는 한 자매의 글을 읽고 자매를 위해 기도드리고, 많은 수고와 헌신으로 목회 사역을 이어오신 목사님의 가정을 위해 기도드리고, 한국교회 목회자 자녀들을 위해 기도드렸다. 세상이 줄 수도 없고 알수도 없는 평안과 사랑과 행복을 지금 자라나고 있는 목회자의 자녀들의 마음에 담아 주시길 기도드렸다.

내 가슴에 눈물을 흐르게 하는 감사

우리 큰 아이와 친구인 자녀를 둔 집사님 가정이 있다. 우리 아이와 그 집 아이가 친해서 자연스럽게 엄마끼리도 친해지게 되었다. 그래서 자연스럽게 개척을 준비하는 과정을 누구보다 더 먼저 알게 되었고 진심으로 마음을 담아 기도해 주었다. 내가 감동을 받은 것은 남편 집사님이신 이 집사님으로 인해서였다.

부인 집사님께서 우리 집에 와서 아내에게 한 이야기이다. 남편이 골프채를 사게 돈을 달라고 했다. 그러자 부인집사님은 당신이 모아 둔 돈 그것으로 사라고 했다. 그러자 그 남편 집사님께서 그 돈은 오대희목사님 개척할 때 헌금하려고 모아둔 것이어서 안된다고 했다. 부인 집사님은 목사님 개척헌금은 내가 할테니까 그것으로 골프채를 사라고 했다. 이 이야기를 전해 들었을 때 내 마음에 얼마나 큰 감사의 눈물이 흘렀는지 모른다. 나의 사역을 지켜보고 기억하는 분이 계신다는 것이 얼마나 감사했는지 모른다.

사실, 아이들과 엄마들끼리 친했지 남편성도님과는 길에서 오고가면서 인사를 나눈 것이 전부였다. 한번 같이 식사를 하는 자리를 만들려고 했지만 그것도 여의치 않아 실행하지 못했는데 이 분이 나의 개척을 마음에 담고 있으셨고 마음으로 그렇게 준비하고 계셨다는 말씀을 들었을 때 얼마나 깊은 감사가 흘러 넘쳤는지 모른다. 하나님께서 나의 사역을 기뻐하시고 기억하고 계신다는 것을 이분을 통해 보여주시길 원하신다는 생각이 들었다.

하나님께서 하시는 일은 늘 놀랍고 신기하다. 도움이 사람에게서 오는 것이 아니라 하나님께로부터 온다는 것을 알리시길 원하시는지 전혀 예기치 않은 곳에서 감동과 함께 귀한 헌금을 보내 주시는 것이다. 나를 돕고 귀하게 여기는 마음을 이 성도님에게 주신 분도 하나님이시라 믿는다.

하나님께서는 나의 주변에 힘과 격려가 되도록 돕는 귀한 분들을 보내 주셨다. 지금까지 후원을 약속하신 분들의 대부분이 형편이 어려운 분들이라는 것이 마음을 힘들게 했다. 이 모든 것이 하나님으로부터 나왔다는 것을 고백하게 된다.

도움을 주신 모든 분들께 감사드린다. 부모님, 가족 그리고 선배 목사님들, 선교, 상담, 복지로 나와 가까이 사역하셨던 성도님, 제자반 동역자, 표준과학연구원 신우회, 세이브존 교회 동역자, 총신대사회복지대학원에서 함께 공부한 동료, 이전에 내가 알지 못했지만 하나님께서 보내주신 성도님 등 이 모든 분들이 열두광주리교회를 돕게 하시는 것에는 하나님의 선하신 뜻이 내포되어 있다고 믿는다.

열두광주리교회의 개척을 기뻐하며 돕는 모든 분들에게 모두 감사를 드린다. 이 교회는 이분들의 헌신과 기도를 통해서 세워지게 되었다. 나는 이분들의 귀한 헌신과 사랑을 결코 잊지 않을 것이다.

"주님, 이들이 저를 돕는 것은 저를 위함이 아니라, 하나님의 나라와 주님의 교회를 위함입니다. 이들의 헌신과 사랑을 기억하여 주소서. 이분들의 헌신과 수고가 헛되지 않게 하시며, 주께서 이분들의 삶 가운데 드림으로 인해 받는 복이 무엇인지 친히 증명하여 주시길 원합니다." 매 순간마다 감사의 기도를 올려 드렸고 지금도 기도를 올려 드린다.

조금 전에 전화가 왔다. 아이 친구의 엄마 집사님께서 남편이 출장가기 전에 잠시 나를 교회에서 만나고 가고 싶다는 말을 전했다. 아마도 모아 두신 그 헌금을 전해 주시려고 하는 것 같다. 나는 이 글을 쓰면서 이 성도님을 기다리고 있다. 언제 또 이런 마음의 감동과 기쁨을 소유할 수 있을지 모른다. 하나님께서 이 귀한 분들을 통해 사랑을 주시고 격려해 주시며 용기를 주시니 감사하다. 주님께서 나의 가는 길을 기뻐하신다는 것을 나의 가까이에 있는 분들을 통해 알게 하심에 감사드린다.

나 하나 꽃 피어

나 하나 꽃 피어
풀밭이 달라지겠냐고
말하지 말아라

네가 꽃 피고 나도 꽃 피면
결국 풀밭이 온통
꽃밭이 되는 것 아니겠느냐

나 하나 물들어
산이 달라지겠냐고
말하지 말아라

내가 물들고 너도 물들면
결국 온 산이 활활
타오르는 것 아니겠느냐

    나와 함께 개척에 기쁜 마음으로 동참하고자 하는 동역자
에게 조동화님의 시 '나 하나 꽃 피어'를 보냈다. 서로가 서로
에게 힘이 된다는 것이 너무나 감사하다.

비 내리는 수요일

예수님께서 언제 다시 오시는가? 그 날과 그 시는 아무도 모른다. 그럼에도 불구하고 예수님의 재림에 대한 가장 유력한 설이 있는데, 그것은 예수님께 비오는 수요일 저녁예배 때 오신다는 것이다. 물론 이 말은 지어낸 농담이다. 그만큼 비오는 날 수요일 저녁예배는 참석하기 힘들기 때문에 독려하기 위해 지어낸 농담이라고 생각한다.

오늘 비가 왔다. 잠시 교회밖에 나와서 송별 선물을 고르고 있는데 이성헌목사님께 전화가 왔다.

"어떻게 개척준비는 잘되가?"

"예, 열심히 은혜로 잘 하고 있어요. 이렇게 전화까지 해 주시니 힘이 나는데요." 잠시 인사를 나누고 지금 교회 있냐고 물으셨다. 그리고 10분정도 있으면 도착한다고 만나자고 하셨다.

갑작스러운 격려의 전화에 힘이 났는데 방문이라니 더 기뻤다. 카페에서 만남을 가졌다. 처음에는 대전에 다른 볼 일이 있어서 온 길에 나를 만나러 왔다고 생각했다. 그런데 오늘 새벽에 기도를 하다보니 후배가 개척을 한다는 말을 듣고 마음이 쓰여서 한번 방문해야 겠다는 생각이 들어 내려왔다는 것이다. 내가 받은 마음의 감동과 충격이 어느 정도였는지 말로 설명하기 힘들다.

'아, 목회는 이렇게 하는 것이구나' 라는 생각이 머리에 확 스쳤다. 본인이 먼저 개척했기에 개척의 어려움을 누구보다 더 잘 알고 후배가 개척한다는 말을 듣고 마음이 쓰여서 친히 와서 격려해주고 진행되는 상황을 하나씩 점검해 주었다. 그리고 생수교회가 지향하고 있는 목회 방향과 진행되고 있는 내용들도 이야기 해 주셨다. 개척 2년차에 참 많은 교회를 돕고 있었다.

내가 또 놀란 것은 새로남교회에서 함께 있다 유학간 후배 목사가 있다. 나는 내 코가 석자라는 이유로 그 후배를 제대로 돌아보지 못했는데 이 목사님은 예전에 수련회 강사로 와서 만난 인연으로 유학하고 있는 후배목사를 돕고 있었다. 나보다 안목에서나 그릇에서 훨씬 크다는 것을 다시금 깨달았다.

이 목사님의 심방과 격려의 감동은 어쩌면 내 평생 내 마음에 남아 있게 될 것이라는 생각이 든다. 가장 곤고하고 가장 마음이 어려울 때 돌아봐주고 기도해 주고 용기를 주었다. 추후, 수원에 준비되고 있는 교회에 다시 방문해 주시겠다고 말씀했다.

지금까지도 좋은 믿음의 관계로 교제하고 있었지만 앞으로
는 교회끼리 연합차원에서 새로운 일들을 일으키는 관계로
발전할 수 있으리라는 기대감이 생겼다. 앞으로 이목사님이
하는 일이라면 무슨 일이든지 목회적으로 혹은 교회적으로
도와야겠다는 생각을 갖게 되었다.

앞으로 비오는 수요일이면 이 목사님의 갑작스러운 방문과
격려가 생각날 것 같다. 그리고 나도 나의 방문과 격려가 필요
한 누군가를 찾아 나서는 시간이 될 것이라는 생각도 든다.

올 인

'모든 것을 다 걸어라' 나는 도박판에서나 이 말이 통용되는 줄 알았다. 그런데 내 삶에 이 단어가 사용되게 될 줄은 예전에 미처 몰랐었다. 여러 선배들에게 의논을 드렸을 때 개척의 성패는 모든 것을 다 쏟아 붓느냐 아니냐의 문제라고 하셨다.

나는 처음에 개척을 너무 쉽게 생각했었다. 뭘 몰라도 한참을 몰랐다. 어쩌면 너무 몰라서 겁 없이 시작한 건 아닌가라는 생각도 든다. 그냥 교회건물만 구하면 되는 줄 알고 처음 교회가 지원해주시기로 한 범위내에서 교회 건물을 임대하는 것을 알아보았다. 월세는 아내가 일을 하던지 아니면 일년정도는 후원으로 가능하리라 생각했다. 그런데 장소를 구하고 나니 그 만큼 아니 그보다 더 큰 일들이 기다리고 있다는 것을 전혀 몰랐다. 내부 리모델링이었다. 단순하게 그냥 의자 몇 개 놓고 하면 되지 내부 리모델링이 필요한가에 대해서 의문도 가졌다.

개척의 결단이 섰을 그 시점에 다시 만난 친구 송집사가 리모델링을 담당해 주겠다고 했다. 모든 것을 친구에게 맡기고 친구가 필요하다는 만큼의 재정을 모으는데 주력했다. 생각보다 많은 비용이 들었다. 특히 냉난방기를 설치하는데 많은 돈이 들었다. 그런데 하나님의 은혜로 채워졌다. 정말 하나님의 은혜로 채워졌다. 이제 끝난 줄 알았다. 그런데 이번에는 가구와 교회비품문제가 남아 있었다. 교회 가구를 하시는 집사님께 도면을 드리고 부탁드렸다. 그리고 열심히 또 재정을 모으기에 힘썼다. 하나님께서 또 은혜로 채워 주셨다. 아, 이제 정말 끝났다고 생각했는데 이제 음향과 영상을 해야 한다고 한다. 도대체 이 문제는 언제 끝나려나? 나의 오랜 친구인 남철규 집사님에게 모든 것을 의뢰했다. 또 이전처럼 열심히 재정 모으기에 힘썼다. 또 하나님의 은혜로 채워주셨다.

나는 너무 치쳤다. 본 게임을 뛰기도 전에 몸풀다가 쓰러진 선수가 되게 생겼다. 애당초 18일날 사임하고 그 다음 주에 첫 예배를 드리고자 계획한 자체가 무리였다. 거기에다가 남서울노회에서 그 다음 주에 설립예배를 드리자고 하셨다. 모든 것이 한꺼번에 몰아쳤고 나는 정신 차릴 틈도 없었다. 더 정확하게 말하면 내가 하는 것이 아니라 보이지 않는 그 무엇에 의해 나는 등이 떠밀려 가고 있다는 것이 더 정확한 표현일 것이다. 나는 성령님께서 그렇게 하고 계신다고 믿는다.

교회에서 주시는 지원금과 퇴직금, 그리고 부모님과 지인들이 주신 것을 다 모아도 계획에는 미치지 못하는 상황이지만 그럼에도 불구하고 이 시드머니를 모두 다 사용한다는 것이 마음에 내키지는 않았다. 그러나 결국 일이 되려면 모든 것을 다 부어야만 한다는 것을 알게 되었고 다 쏟아 붓고, 또 쏟아 붓고, 이제는 가는데까지 가보는 것이다. 더 이상 나갈 수 없는 그곳이 내 무덤이 되는 한이 있더라도 가는 곳 까지 가보는 것이다.

드디어 나를 시험하는 일이 또 생겼다. 나는 교회 안에 작게나마 사택을 꾸며 살려고 계획했다. 그런데 빌딩 소유주가 주거는 안된다고 했다. 그 말을 듣고 나니 심히 낙담되었다. 이전에 목사님께서 임시거처로 사용하게 해 준 집과 교회는 거리가 있어, 교회안으로 들어가려고 했는데 그것이 막혀 버린 것이다. 그런데 이번에도 하나님께서 또 피할 은혜를 주셨다. 헉헉거리면서 작은 빌라를 사택으로 구입하게 해 주셨다. 돈을 빌릴 수 있는 것도 중요한 능력이라는 사실을 배우게 된다.

지나온 길들, 지나온 과정들을 논리적으로 유추해 보면 분명히 하나님께서 나와 함께하시고 나의 개척을 기뻐하신다는 결론에 다다르게 된다. 그런데 미래를 생각하면 금방 우울해진다. 일년안에 외부의 도움없이 자립하여 건물세를 우리교회 스스로 낼 수 있을지에 대한 의문, 재정적인 압력을 어떻게 견뎌낼지에 대한 의문, 그리고 내 스스로 힘든 일이 생길때마다 낙담하지 않을 자신감이 있는가에 대한 의문 등으로 우울해지는 것을 경험한다.

이런 이야기를 하면 아내는 개척하는 사람중에 내가 가장 믿음이 없다고 말한다. 그런데 나는 내 마음에 희망과 우울이 동시에 교차함을 수없이 경험하게 된다. 이것이 솔직한 지금 나의 현실이다.

하나님의 뜻이 계신다면 2년 안에 자립할 수 있도록 해 주실 것이며 이렇게 다 쏟아 부었는데도 자립이 되지 않는다면 과연 내가 목회자로서 준비된 사람인가에 대한 근본적인 문제까지 검토해 봐야 될지도 모르겠다. 개척 2년 후에는 어떻게 되어 있을까? 자립이 되어 있기를 소망한다. 설령 그렇지 않아 내가 사역을 접게 되더라도 나를 비난하지 말았으면 좋겠다. 내가 그런 결정을 내려야만했다면 그럴 수밖에 없는 엄청난 우여곡절이 있었을 것이다. 사역을 정리하는 그런 끔찍한 일은 일어나지 않기를 소망한다. 이제 나의 미래를 주님께 모두 맡기고자 한다.

몇 년 뒤, 우리교회 성도들과 함께 나는 광야를 지나 축복의 땅으로 가고자 새로운 준비를 하고 있기를 소망한다. 아니, 꼭 그렇게 되었으면 좋겠다.

환경이 아니라 사람이 변한다

개척이라는 것을 마음에 품게 되고 그 일을 하나씩 이루어 가는 과정에서 내가 받은 가장 큰 은혜는 무엇일까? 그것은 내가 변했다는 것이다. 그리 길지 않은 시간이였지만 지금 나의 태도와 마음가짐은 내가 이 주제로 글을 쓰기 시작했을 때와는 비교할 수 없을 정도로 변해있다. 하나님께서 이렇게 하신 것이다.

하나님께서는 환경을 바꾸시지 않고 나를 바꾸셨다. 두려움이 변하여 편안함이 되었고 인간적인 생각들이 변하여 더욱더 하나님을 의지하며 의뢰하게 되었다. 무엇보다도 감사한 것은 사람이나 환경을 보는 것이 아니라 하나님만을 바라보게 하신 것이다.

처음 개척에 대한 마음을 먹었을 때는 가장 나를 두렵게 했던 것은 개척멤버가 몇 명이 될 것인가에 대한 문제와 이 일을 시작할 수 있는 재정이 확보될 수 있을까에 있었다. 그래서 초기에는 몇 몇 분들에게 도움을 요청하기도 했고 몇 몇 교회에서는 도움에 대한 의사타진도 해 보았다. 감사한 일도 있었지만, 그렇지 못한 일도 있었다. 이러면서 내 마음에 비참한 생각이 많이 들었다. 이렇게 하려고 내가 목회를 시작했는가라는 자괴감도 들었다. 그런데 하나님께서 나를 변화시켜주셨다.

나에 대한 직접적인 도움은 사람으로부터 오는 것이지만 이 모든 것의 시작이 하나님으로부터 나온다는 것을 알게 하셨다. 전혀 예상치 못하고 기대하지 않았던 사람들, 내가 전에 알지 못했던 분들이 나를 돕고자 하는 상황들을 보면서 하나님께서 일하고 계심을 알게 되었다.

하나님께서는 사람을 의지했던 나의 생각들을 하나님께로 돌리게 하셨다. 오랜 기도가 나를 변화시켰다. 주께서 나의 개척을 기뻐하신다면 사방에서 도움의 손길들과 성도들을 보내주실 것이며 나에게 고통과 고난이 더 필요하다고 여기신다면 그렇게 하실 것이다. 지금 이 상황에서 내가 해야 하는 가장 중요한 일은 고통과 고난을 피하기 위해 머리를 쓰는 것이 아니라 전능하신 하나님의 손에 이끌려 가는 것이다. 하나님께서 나의 고생을 기뻐하신다면 그 고생을 기꺼이 감수해야 하는데 그것을 인위적으로 피하려고 하는 것 자체가 잘못된 것임을 알게 되었다.

개척교회라는 것을 알고도 오고 싶고 나를 돕고 싶은 마음을 주시는 이도 하나님이실 것이며 자기희생을 통해 참여하

고자 하는 결심, 혹은 돕고자 결심하는 분들의 마음도 하나님
께서 주신 것이다. 역으로 생각하면 그렇지 않은 것 역시 하나
님의 주권아래 있는 것이므로 나는 기쁘게 기꺼이 수용해야
하며 하나님 중심의 태도를 가져야 한다는 것을 배웠다.

하나님께 맡긴다고 말은 하지만 정말 맡긴다는 것은 결코
쉬운 문제가 아님을 다시금 배웠다. 내게 유익하고 내가 편안
하게 가는 상황 속에서는 모든 것을 하나님께 맡기는 것이 쉽
겠지만 그렇지 않은 상황에서도 하나님을 전적으로 신뢰하고
그분에게 모든 것을 의뢰하는 것은 결코 쉽지만은 않다.

모든 것을 논리적으로 설명하고 따지기를 좋아하는 나에게
모든 개척에 하나님의 인도하심이 있다고 단정하기는 쉽지
않다. 왜냐하면 개척의 과정속에 있는 여전히 어려운 교회들
실패한 교회들이 있으며 이것들에 대해 어떻게 답을 해야 할
지가 내 머릿속에 들어있지 않기 때문이다. 어쩌면 나도 그런
교회들 중에 하나가 될 수도 있을지 모른다. 그렇게 된다고 할
지라도 내가 깨달은 사실은 내게 주신 하나님의 은혜가 크다
는 것이다.

모든 것이 하나님으로부터 나온다. 나의 시대도 주님의 손

에 있으며 나의 미래도 주님의 손에 있다. 하나님께서는 내 속에 있는 두려움으로부터 하나님을 바로 바라보며 바로 믿게 하는 훈련을 다시금 시키셨다. 하나님과의 관계에서 모든 것을 이해하고 모든 것을 보게 하셨다.

마음이 참 편해졌다. 아내는 개척을 준비하면서부터 얼굴이 보름달처럼 빛나기 시작했다. 나는 그보다는 조금 덜 빛나지만 이제는 두려움의 그림자가 조금씩 사라지고 마음의 평안이 깃들기 시작했다. 이 모든 것을 하나님께서 하신 것이다.

여전히 넘어야 할 산이 많다. 어제 기차를 타고 내려오면서 리모델링 도면을 보며 견적과 비품들에 대한 견적들을 생각하다보니 머리가 아팠다. 그런데 참 신기한 것은 예전 같으면 어떻게 이 돈을 마련해야 하나에 대한 두려움이 있었을텐데 지금은 하늘에서 돈이 뚝 떨어져서 한꺼번에 해결되면 재미가 없겠다는 생각이 든다. 하나님께서 내게 이러한 일들을 주시는 것은 조금씩 해결하며 풀어가면서 그 속에서 역경을 이겨내는 스릴을 경험하게 하시기 위한 배려라는 생각이 들었다. 그러자 입가에 미소가 그려졌다.

내 속에 있던 양가감정도 많이 정리되었다. 소박한 목회를 원하면서도 나도 모르게 급성장이나 주목받는 교회를 만들고 싶은 이중성에 대해 정직하게 직면하게 하셨고 나의 은사와 용량과 한계를 따라 내가 할 수 있는 범위를 정하게 해 주셨다. 어릴 때 소 아홉 마리 키우는 것이 평생의 꿈이었던 소년에게 하나님께서 현재, 한국교회에 가장 귀하게 쓰임받는 교회중에 하나인 새로남교회에서 7년간 사역자로 쓰임받게 하신 것만으로도 이미 내 잔은 충분히 넘치고 있다. 지금까지 인도하신 하나님의 은혜가 크다. 그리고 앞으로 인도하실 그분의 은혜역시 크고도 크다.

아직도 더 많이 다듬어지고 훈련되어야할 부족한 목회자를 여기까지 세우시고 이끌어주신 하나님께 감사드린다. 과거의 부족한 점과 허물과 많은 오점들과 낮은 자존감, 상처 등 모든 것을 다 뒤로 두고 새롭게 인생의 2막을 시작할 수 있는 은혜를 주신 하나님께 감사드린다.

점점 커지는 감사

그리 길지 않은 시간이지만 나에게는 엄청난 성숙을 가져온 고뇌의 시간이었다. 개척에 대한 작은 마음을 주시고 그것을 시행할 수 있는 단계까지 오게 된 것이 모두 하나님의 은혜이다. 그리고 새로남교회의 은혜이다.

처음 개척의 마음을 갖고 준비할 때는 교회와 아무런 협의된 상황이 아니었기에 모든 것을 나 스스로 해결해야만 했다. 가진 것이 아무것도 없는 상태에서 이 일을 진행할 때 참 많은 곤고함을 느꼈고 또 새로운 가능성과 감사한 순간들도 많이 경험하게 되었다. 그리고 시간이 지나면서 당회에서도 나와 기흥에 개척한 수원새로남교회 김상준목사에 대한 지원문제를 논의했고 교회에서 개척에 큰 힘을 실어주시기로 결정하셨다. 얼마나 감사한 일인지 모른다.

개척을 준비하면서 처음 내가 가진 생각은 할 수 있다면 교회에 부담을 드리지 않고 목회적인 부담을 드리지 않고자 하는 마음뿐이었다. 교회에서 영혼을 구원하는 낚시하는 법을 배운 것만으로도 큰 자산이기 때문이다. 그런데 교회에서는 전례에 없는 결정을 해 주시고 나와 함께 사임하는 김 목사님과 두 사람에게 큰 은혜를 베풀어 주셨다. 이 모든 것이 하나님의 은혜이다.

처음 개척에 대해 질문했을 때 개척하면 모든 것이 감사하며 마치 아기를 낳고 부모가 기뻐하는 기쁨이 있다고 말씀해 주신 청함교회 모상근목사님의 말씀이 구구절절이 가슴에 와 닿았다. 이전에 경험하지 못했던 작은 것들에 대한 감사가 얼마나 큰지 모른다. 작은 일 하나에도 깊이 감사할 수 있게 되고, 작은 후원에도 깊은 감사의 눈물과 감격을 할 수 있는 것도 개척하고 난 이후에 느낀 경험들이다.

하나님의 인도하심을 피부로 느끼며, 한 걸음씩 인도하시는 하나님의 섭리도 날마다 느끼게 된다. 실로 정말 오랜만에 느껴보는 하나님과의 긴밀한 동행하심이다. 이제 다음 달이면 나는 새로남에서 받던 사례비가 끝이 나고 가나안에서 새 것을 먹기 전까지 광야에서 내리는 만나로 살아야 한다. 예전에 광야에서 만나를 매일 먹으면서도 내일 만나가 내리지 않을까를 염려하여 늘 더 많이 거두어 두었다가 썩혀 버리는 이스라엘 백성들의 믿음 없음에 대해 설교한 적이 있었다. 그런데 막상 현실이 되니, 매일 내리는 만나였지만 내일 내리지 않으면 어떨까에 대한 염려가 그들 속에 있었던 것에 대해 동의가 되었다.

그러나 한편으로 매일 매일 내리는 은혜가 얼마나 가슴을 깊이 적시는 지, 오래 전에 내가 시골에서 농사를 짓다가 모든 것을 포기하고 서울로 상경했을 그때의 상황으로 다시 돌아가는 듯 했다. 그때 하나님은 나와 함께 하셨고 모든 순간을 인도하심을 피부로 느낄 수 있었다.

서울에 상경한 첫 날, 비오는 광화문에서 교회를 향하던 나는 성경책이 비에 맞지 않게 하려고 비닐봉투에 성경을 넣어 싸서 교회로 향했다. 그러다 문득 비 내리는 하늘을 보면서 "하나님, 이게 뭡니까? 성경책을 비닐에 싸서 다녀서 되겠습니까? 가방하나 주시면 안됩니까?" 푸념섞인 기도를 드렸다. 그날 오후 예배를 마치고, 한 집에 방문을 했는데, 그 집 대학생이 새 가방을 샀는데 디자인이 맘이 들지 않는다고 버려두어 먼지에 쌓인 가방이 하나 있었다. 그날 이후 그 가방은 내 가방이 되었다. 나는 그 일이 하나님께서 시골에서 농사를 짓다가 실패하고 상경하여 너무 막연하게 있는 나에게 함께하고 계심을 보여 주시는 사인으로 믿게 되었다. 그 이후 그 가방만 보면 하나님께서 함께 하심을 알게 되었다.

이 일뿐만 아니라, 기도하면 곧바로 응답하시는 하나님의 크신 은혜를 경험하게 되었다. 고시원에서 생활할 때 스탠드가 필요하여 기도하면 기도를 마치기 전에 주인아줌마가 인터폰으로 스탠드 남는 것 하나 있는데 쓰겠냐는 전화가 왔고 부모님이 어려워 고시원 생활비를 낼 수 없어 서울 생활을 정리해야 할 위기가 있을때마다 기도하면 하나님께서 돕는 손길들을 통해 생활비를 보내 주셨다. 그때 단기선교도 매년 갔었는데 그때마다 도우심을 경험했다.

감사한 것은 지금 내게 그때의 은혜가 그대로 다시 답습되고 있다는 것이다. 주님의 즉각적인 응답, 전혀 알지 못했던, 전혀 예상치 못했던 곳에서 날아오는 까마귀, 꼭 한 걸음 앞만 보여주시고, 거기까지만 갈 힘을 주시고, 거기까지 가면 다시 기도하게 하시고, 기도가 끝나면 다시 길을 열어주시는 일들이 계속해서 반복되고 있다.

어떻게 생각하면 반복되는 이런 일은 고달픈 현실의 모습이기도 하다. 그냥 통장에 많이 쌓아놓고 그것을 조금씩 쓰게 하시면 더 좋지 않을까라는 생각도 해보지만, 주님께서는 그날 그 날 필요한 일용할 양식만을 주시며 한 걸음씩, 한 걸음씩 나를 인도해 주신다. 정말 오랜만에 즉각적인 기도응답들과 주님의 세밀한 섭리를 피부로 느낄 수 있어 감사하다. 사실, 새로남에 있는 동안 나는 내 필요를 위해서는 그다지 간절하게 기도할 필요가 없었던 것 같다. 그러나 이제는 모든 것이 필요하고 모든 것을 채우시는 하나님의 은혜에 날마다 감사하는 삶이 된 것이다.

"사람이 무엇이 관대 저를 이토록 존귀하게 여기십니까?" 시인의 고백이 나의 고백이 되었다. 이제까지 베푸신 은혜가 크고도 크심에 감사드린다. 그리고 또 간절한 바람이 있다면, 내 그릇의 크기에 맞는 아름다운 교회를 이루어가도록 주께서 힘주시고 속히 자립하여 교회로서의 순기능을 감당케 해 달라고 기도드린다. 언제나 좋은 것으로 주시길 원하셨고 또 사모하는 영혼에 만족함을 주신 내 주님이신 예수 그리스도께서 나의 미래의 삶에 늘 함께 하시길 기도드린다.

두 번째 개척교회

오늘 문득 내가 개척하는 것이 처음이 아니라는 사실을 깨닫게 되었다. 어떻게 보면 두 번째 교회를 개척하는 샘이다. 이 기억이 나로 하여금 하나님의 인도하심과 동행하심을 다시금 확인케 하였다.

군 생활할 때였다. 철책에서 근무를 섰는데 나의 관심은 조국에 대한 통일과 이곳에 예배드릴 곳이 없다는 것이었다. 그래서 철책너머 북녘 땅을 바라보며 매일 근무 전에 기도를 드렸다. 부사수로 근무를 설 때는 고참병에게 양해를 구하고 먼저 5분간 기도를 드렸다. 그리고 철책에 근무하는 병사들을 모아 인근 민간교회에 가서 예배를 드리는 일을 진행했다. 당시 나는 군종이 아니었기 때문에 근무를 서고 주일에는 병사들을 모아 교회로 갔다. 철책에는 소대가 멀리 떨어져 있어 끝에서부터 몇 명씩 모아서 이동해서 모여서 예배를 드렸다.

당시에 위장병이 심해서 휴가 갔을 때 어머니께서 약 사라고 주신 돈으로 기타를 사고 보온병과 커피를 샀다. 그리고 비번인 날 중대에서 커피를 나눠주며 기도하는 일을 했고 예수님을 믿는 중대장님이 오신 이후에는 이 일을 더욱더 잘 할 수 있도록 협력해 주셔서 사실상 비공식 군종으로서 섬기게 되었다.

중대장이 철책에 방문한 여단장님께 보고하는 기회가 있었는데 중대원들의 종교생활에 대해서 보고했다. 그때 여단장은 철책에서 병사들이 이동하는 것은 좋지 않기 때문에 철책 뒤편 종심에 있는 한 부대 막사를 이용해서 거기서 예배를 드리라고 하셨다. 빈 막사를 꾸며서 예배를 드리라는 것이었다. 처음에는 참 막연했다. 그런데 그것이 교회가 되는 기회가 되었다.

빈 막사를 교회로 만들기 위해 날마다 기도했다. 그리고 인근 민간교회에 찾아 가서 인사를 드리고 상황을 말씀드렸다. 그런데 참 신기했던 것은 모두다 무엇인가를 하나씩 줬는데 중복되는 것이 없었다는 점이다. 어떤 교회에서는 마침 강대상을 교체했다고 강대상을 주셨다. 어떤 교회에서 장로님은 직접 십자가를 제작해서 주셨다. 우리 동료 병사들은 큰 현판에 '새벽교회'라는 간판에 글씨를 쓰고 조각칼로 파서 그 현판을 만들었다. 어떤 분은 작은 강대상을 만들어주시고 어떤 분은 마이크, 휘장 등을 선물해 주셨다.

이제 남은 것은 의자였다. 그 공간에 의자를 채우는 것이 가장 큰 문제였고 돈도 가장 많이 드는 것이어서 그당시 육군 상병인 나로서는 도저히 엄두가 나지 않았다. 그런데 신기한 것은 기도하면 할수록 막연하지만 될 것 같은 생각이 자꾸 들었다. 그때 6월 6일 현충일에 금촌지역의 교회들이 연합으로 모여서 체육대회를 한다는 소식을 들었다. 중대장님에게 허락받고 그 곳을 방문했다.

본부석 옆에 천막이 쳐 있고, 그곳에 여러 목사님들과 장로님들이 앉아 계셨다. 그냥 그곳으로 찾아 갔다. 그리고 경례를 드렸다. 군인 하나가 찾아오니까 목사님과 장로님들도 신기했던 모양이다.

"잠시 드릴 말씀 있는데, 말씀드려도 되겠습니까?" 모두들 좋다고 했다. 나는 내가 철책에서 기도했던 일들, 그리고 빈 막사가 생긴 일 그리고 그 이후에 교회가 진행되어 가는 과정을 말씀드렸다. 그리고 지금 의자가 필요한데 도움을 주실 수 있으면 도와주시면 감사하겠다고 말씀드렸다. 지금 생각하면 그런 무모한 전략과 용기가 어디서 나왔는지 모르겠다.

두 주후였다. 연락이 왔다. 우리가 다니던 민간교회에 사택으로 금촌교회에서 연락이 왔다. 의자 50개를 준비해 두었으니 가져가라는 것이었다. 금촌교회 남전도회에서 기증한 것이었다. 그러고 보니 아직까지 그분들에게 감사의 인사한번 제대로 못 드렸다. 그때 그분들은 모두 은퇴하셨겠지만 언젠가 기회가 된다면 그 교회에 가서 인사를 드려야 하겠다.

그때 나와 함께 군생활을 했던 친구 중에 한 명을 대전에서 만났다. 정림복지관 관장으로 있는 소종영목사이다. 당시 그 친구는 신학을 하고 와서 대대군종이었고 나는 사회복지를 전공해서 중대에서 신앙생활을 했는데 20년만에 만나니, 그 친구는 사회복지를 하고 있고 나는 목회를 하고 있었다. 둘이 함께 만나 기쁨을 나눴고 내가 새로남교회에서 사역하면서 정림복지관 공부방과 여러 복지 분야를 지원하고 도울 수 있어 기뻤고 그 친구도 새로남교회의 성도들의 봉사나 여러 가지 복지 관련된 일들을 많이 도와주었다.

비록 오래전일이지만 20대 초년인 나에게는 하나님의 살아계심과 하나님께서 하나님의 일을 어떻게 이루어 가시는지에 대해 경험할 수 있는 시간이었다. 오늘 아침, 그 때 그 경험이 문득 떠올랐고 그때 나와 함께 하신 하나님께서 앞으로 내가 가는 길도 형통케 하시리라는 믿음이 더욱더 확고해졌다.

성탄에 드리는 아주 멋진 선물

12월 18일에 만 7년을 사역했던 교회를 떠나게 된다. 그리고 그 다음 주인 12월 25일에 수원에서 첫 예배를 드리게 된다. 아마 그때는 교회내부도 정비되지 않았을 것이고 우리 성도들도 몇 명이 모일지도 모른다. 모든 것이 어설플 것이다. 그럼에도 불구하고 마음에 설레임이 생기는 것을 느끼게 된다.

첫 예배의 모습은 어떨까? 의자를 가지고 와서 둥글게 앉아서 예배드리면 좋겠지? 어떤 말씀으로 설교를 할까? 이런 저런 생각을 하다 보니, 행복이 밀려온다. 성탄절에 첫 예배를 드린다는 것도 상당히 의미가 있는 것 같다. 첫 예배를 생각하면서 어떤 말씀을 나눌까를 생각하다가 구유에 누우신 아기 예수께 선물을 드린 동방박사들의 모습을 묵상하게 되었다. 그래서 '이 세상에서 가장 멋진 선물' 이라는 제목으로 말씀을 전해야 하겠다.

예수님의 탄생을 기뻐하여 동방박사 세 사람이 황금과 유향과 몰약을 드리는 것을 중심으로 예수님께서 이 땅에 계실 때 예수님께 누가 어떤 선물을 드렸는지를 찾아보게 되었다. 당시 많은 분들이 예수님의 사역을 도왔을 것이다. 그러나 구체적으로 누가 무엇을 드렸다는 표현은 동방박사의 선물, 어린아이가 드린 보리떡 다섯 개와 물고기 두 마리, 그리고 옥합을 깨트린 여인의 향유가 생각난다. 그 외에 어떤 분들이 예수님께 무엇을 드렸는지 계속해서 성경을 찾아보고자 한다. 그리고 우리는 주님께 무엇을 드릴 것인지에 대해서 나누고자 한다.

이번 성탄절에 우리는 하나님이 기뻐하시는 '열두광주리교회'를 하나님께 선물로 드리고자 한다. 하나님의 마음을 기쁘시게 하며 하나님의 마음을 시원케 해 드리는 교회 설립을 예수님께 선물로 드리고자 한다. 우리교회와 우리성도들 자체가 이번 성탄에 예수님께 드리는 아주 멋진 선물이 되자는 것을 나누고자 한다.

이뿐만 아니라, 내 마음에 또 드는 생각은 나와 함께 첫 예배를 드리는 성도들을 생각하면 할수록 너무 고맙고 귀하다. 나 자신도 두려워서 과연 이 길을 가는 것이 바른가, 정말 할 수 있을까에 대해서 회의를 가질 때마다, 이분들은 나보다 더 용기를 가지고 내게 힘을 실어 주었다. 그리고 나보다 더 열두광주리교회의 가는 길에 대해 더욱더 확신하고 믿음을 가졌다. 얼마나 감사한가?

내 마음 그대로를 표현한다면 이 분들 한 분, 한 분을 업어 주고 싶은 심정이다. 그래서 첫 예배, 성탄절 날, 성도들을 위한 깜짝 선물을 준비하기로 결심했다. 설교 마지막부분에 몇 안 되는 성도들에게 내가 준비한 선물을 모두에게 전달하며 나의 고마움과 사랑을 전하고 싶다. 생각만 해도 기쁘고 생각만 해도 마음이 따뜻해진다. 그리고 이분들에게 부탁할 것이다. 나와 시작하였으니 내가 은퇴하는 그날, 내 은퇴식을 지켜 달라고 부탁할 것이다. 이들과 함께 예수님을 섬기며 행복하게 살고 싶다. 이 이야기를 이 권사님과 나눴는데 선물비를 주시겠다면서 헌금해 주셨다.

모든 것이 하나님의 은혜이다. 지금까지 달려온 것이 하나님의 은혜이며 앞으로 달려갈 길, 모두 하나님의 은혜일 것이다. 하나님께 무한한 감사와 영광을 올려 드린다. 그리고 기도해주시고, 격려해주시고, 후원해 주심으로 이 교회를 세우는데 힘을 보태주신 분들에게 모두 감사드린다. 남서울노회 개척추진위원회에 감사드린다. 무엇보다도 지금까지 바른 목회를 하도록 훈련시켜 주시고, 길을 보여주시고, 방법을 알려 주셨고, 또 개척을 지원해주신 새로남교회 오정호목사님과 당회와 교회에 진심으로 감사드린다.

새로남교회에서 성탄절 절기헌금을 나와 기흥에 수원 새로남교회를 개척하는 김상준목사님의 개척지원비로 사용하겠다고 발표하셨다고 한다. 참으로 감사한 일이다. 이번 성탄절은 우리는 첫 예배를 드리고, 새로남교회에서는 후원헌금을 드리는 교회 설립을 위한 뜻깊은 성탄절이 될 것이라 생각된다. 우리를 위해 기도하며 귀한 헌금을 드릴 새로남교회 성도님들을 위해 기도드렸다. 그분들의 마음이 하나님께 드려지게 하시고, 이 기초위에 건강하고 아름다운 교회가 세워지게 해 달라고 기도드렸다.

이 교회가 세워진 것은 하나님의 뜻과 은혜이며 동시에 많은 교회와 성도들의 관심과 사랑이었음을 고백한다. 하나님의 기대에 부응하며 나를 믿어주고 힘을 실어주며 우리교회의 설립을 기뻐하는 분들의 기대에 부응하는 행복한 교회를 이루어가고자 한다. 앞으로도 교회에 대한 기록은 계속 쓰게 될 것이다. 그러나 교회개척에 관한 글은 여기서 마무리하고자 한다.

먼 훗날, 이 글을 내가 다시 읽게 된다면 내가 이렇게 두려워하며 떨었는가를 생각하며 웃고 있을지도 모르겠다. 분명한 것은 지금보다 더욱더 하나님께서 우리에게 베풀어주신 은혜에 대한 감사가 넘칠 것이라는 점이다. 하나님께 나의 미래와 모든 것을 의뢰 드리며 하나님께 영광을 올려 드린다.

　　주님여 이손을 꼭 잡고 가소서
　　약하고 피곤한 이 몸을
　　폭풍우 흑암 속 헤치사 빛으로
　　손잡고 날 인도 하소서

　　인생이 힘들고 고난이 겹칠 때
　　주님여 날 도와 주소서
　　외치는 이 소리 귀 기울이시사
　　손잡고 날 인도 하소서

2부

우리가
소망하는 교회

생명력이 넘치는 교회

교회란 무엇인가? 라는 질문으로 글을 시작한다면 몇 편의 논문을 쓰고 몇 권의 책을 써도 부족할 정도의 광범위하다고 생각한다. 그럼에도불구하고 교회 개척을 시작하는 시점에서 가장 먼저 생각해 보게 되는 질문은 역시 교회란 무엇인가에 대한 근본적인 교회론에 관한 질문이다. 여기서 내가 나누고자 하는 것은 우리 교회가 더욱더 힘써 가야할 부분들에 대해서 그리고 지금 이 시대에 교회가 더욱더 집중해야 할 부분에 대해서 나누고자 한다. 이는 우리교회가 지향해야 할 방향이기도 하며 우리교회 성도들이 함께 공유하고 이해해야 할 부분이기도 하다.

교회를 생각할 때 잊지 말아야 할 가장 중요한 것은 교회는 복음을 담고 있으며 복음 자체가 영혼을 구원하고 소생시키는 생명이라는 것이다. 자연교회성장이론에 따르면 교회에는 생명이 있으며, 복음은 생명 그 자체이며, 생명체는 반드시 생명체로서의 역할을 하게 된다. 물, 햇볕, 온도가 있으면 생명이 있는 씨앗은 발아하여 자라게 되며, 자라면 열매를 맺게 된다는 것이다. 이 이론의 결론은 간단하다. 복음은 생명이며 교회 자체는 생명을 가지고 있기 때문에 조건만 잘 맞춰주면 부흥하고 성장하는 것은 당연히 따라온다는 것이다. 그래서 교회안에서 생명을 자라지 못하도록 하는 요인들을 제거해 가는 것이 부흥과 성장에 가장 중요한 이치라고 말하고 있다.

교회에는 생명이 있으며, 교회는 이 생명을 전하며, 가르치며, 나누는 공동체이다. 이것은 분명한 진리이다. 그러나 문제는 여기서 끝나지 않는다는 점이다. 생명에도 차이가 있다. 병상에 누워 의료기에 의존해서 생명을 의존해야하는 생명이 있는가하면, 돋는 햇볕같이 계속해서 점점 더 큰 영향력을 발휘해가는 생명이 있다. 더 정확하게 표현하면 생명은 같은 생명이라도 생명력에는 커다란 차이가 있다.

잠언에는 '의인의 길은 돋는 햇볕 같아서 점점 빛나서 원만한 광명에 이르거니와(잠언 4:18)' 라는 말씀이 있다. 하늘에 떠 있는 해라고 해서 그 영향력이 같은 것이 아니다. 점점 기울어 그 빛을 잃어가는 석양빛이 있는가 하면, 아침에 솟아올라 정오까지 계속해서 더 밝아지며 더 큰 영향력을 발휘하는 태양이 있다. 교회의 생명력도 이러해야 한다.

교회는 생명이 있을 뿐 아니라, 생명력이 넘쳐야 한다. 역동성이 충만해야 한다. 교회의 생명력이 세상을 향해 끝없이 뻗어가는 것을 복음화라고 한다. 그리고 반대로 세상의 어두움이 교회내로 밀려오는 것을 세속화라고 한다. 이 둘의 싸움은 주님오실 때까지 계속될 것이다. 지금 한국교회는 불행하게도 복음의 영향력이 세상으로 뻗어가는 것이 아니라, 세상의 물결이 교회 안에 너무 많이 들어와 있다는 점이다. 교회들이 생명은 가지고 있으나 생명의 힘이 미약하기 때문에 나타나는 현상이다. 이것은 또다른 영적 전쟁이며 우리교회가 쉽게 생각해서는 안되는 부분이다. 자크 엘룰의 말처럼 세상 속에서, 세상을 향해 그러나 세상에 물들지 않고 세상을 변화시키는 그리스도인이 되어야 하며 교회가 되어야 할 것이다.

예전에 나는 똑 같은 상황에 대한 이야기를 각기 다른 두 사람에게 들었다. 이 두 사람은 신실한 그리스도인이었으며 군에서 훈련받을 때 큐티를 하는 그리스도인이었다. 그날 적용이 훈련 중에 힘들어하는 동료의 총이나 군장을 들어주자는 것이었다. 한 사람은 그날 훈련 중에 힘들어 하는 동료의 군장을 들어 주었다. 그러나 다른 한 사람은 그렇게하지 못했다. 이 둘의 차이는 어디에 있었을까? 둘 다 하나님을 사랑하며 말씀을 소중히 여겼고 그렇게 살고자 힘썼다. 그러나 현실적인 체력적인 차이가 존재했다. 뜻도 좋았고 계획도 좋았지만 한 사람은 체력적으로 남의 짐을 감당할 수 있었고 다른 한 사람은 그럴 힘이 없었던 것이다.

나는 우리의 미래의 교회를 생각하면서 복음의 생명이 다른 곳으로 계속해서 흘러가는 생명의 힘이 있는 공동체가 되기를 소망하며 기도한다. 남을 돕는 것을 좋아하고 성도들을 돕는 것을 좋아하고 다른 교회 목회자들과 그들의 자녀들을 돕는 것을 좋아한다. 그런 뜻이 있으면 무엇을 하겠는가? 그것을 실행할 힘과 능력이 없다면 또다른 비참함을 경험하게 될 것이 자명하다.

나는 가끔 두 가지 상반된 모습이 내 머릿속에 그려지는 것을 경험한다. 한 그림은 폭포 속을 뚫고 위로 올라가는 역동적인 물고기의 모습이며 또다른 그림은 먼 바다 위를 홀로 나는 새의 영상이다. 때로는 역동적으로 살고자 하는 의욕이 나타나고 때로는 모든 것을 떠나 홀로 있고 싶은 생각이 나를 사로잡는다. 어쩌면 평생 동안 이 둘의 사이에서 갈등하게 될지도 모른다. 그러나 그럴 때 마다 내 속에서 역동성이 살아지지 않도록 지켜가기를 힘쓰고 있다.

이 땅에 빛으로 오신 예수님, 생명의 빛으로 오셔서 우리의 생명이 되신 주님을 찬양한다. 그리고 이제는 우리 속에서 생명의 능력들이 계속해서 일어나 영혼을 구원하며 세상의 문화를 바꾸며 주님의 사랑이 필요한 그 모든 곳에 주의 사랑의 빛을 비추는 교회가 되기를 소망한다.

하나님의 임재가 있는 예배

교회론에 있어서 가장 중요한 부분은 교회는 하나님으로부터 부르심을 받은 공동체라는 것이다. 세상으로부터 구별되어 부르심을 받은 공동체에서 해야 할 가장 중요한 것은 예배이다. 우리는 예배를 위해서 부르심을 받은 존재들이다.

출애굽기를 공부하다보면 예배에 대해서 더욱더 명확하게 이해하게 된다. 애굽땅에서 고난받던 백성을 불러내어 홍해를 지나고 광야를 지나는 과정은 구원의 전 과정을 보여준다. 유월절 어린양의 피로서 구원받고 죄와의 싸움을 싸우며 거룩한 삶을 살고 새로운 천국백성으로서 살아야 할 새로운 법을 시내산에서 받고 새로운 삶의 교훈들을 받는다. 그리고 마지막으로 하나님께서 모세를 통해서 백성들에게 지시하신 것은 성막을 짓게 하시고 예배를 통해 하나님과 영원토록 교제하게 하신 것이다. 성숙한 그리스도인들에게 요구되는 것은 세상에서 말씀대로 사는 것과 동시에 예배자로서 하나님과 깊은 영적 교제를 나누며 하나님께 영광을 돌리는 것이다.

교회마다 예배를 강조하지 않는 교회가 없으며 예배의 중요성을 모르는 교회가 없다. 그러나 현실을 돌아보면 예배를 강조하는 만큼 예배가 하나님께 바르게 드려지며 성도들이 하나님의 임재를 경험하는 예배인지는 점검해 볼 필요가 있다.

교회들 중에 예배를 강조하면서 역기능적인 모습을 보이는 예들을 보면, 전도나 양육이나 훈련을 무시하고 그것을 축소화하는 의미에서 예배를 강조하는 교회들이 있다. 이런 교회들은 예배를 드리는 것으로 모든 것을 다 했다라고 이해하고 있다. 전도나 양육, 훈련은 성도들의 성숙을 위해 반드시 필요하며, 당연히 해야 할 부분인데, 예배를 드리는 것이 더 중요하다는 이유로 그것들을 간과하여 결국은 무기력한 그리스도인을 양산하는 예들을 보게 된다.

이는 둘 다 버리지 말아야 할 요소이며 오히려 훈련된 그리스도인들이 더욱더 깊은 예배에 참여할 수 있다는 것을 기억해야 한다. 주일날 예배를 드렸다는 것 하나로 모든 것을 다 이루었다는 식의 태도는 결코 건강한 그리스도인의 모습이 아니라는 점이다.

개혁교회에서는 예배에 있어서 말씀선포의 비중이 아주 크다. 즉, 예배에서 설교가 차지하는 비중이 지대하다. 소위 예배가 잘 드려졌는가 그렇지 않은가는 목사님의 말씀선포에 얼마나 은혜가 있는가가 모든 것을 결정한다고 해도 과언이 아니다. 메시지가 예배에 차지하는 비중이 절대적인 것을 부정할 수도 없고 부정해서도 안된다. 성도들의 역동적인 복음의 힘이 나오는 최초의 진원지는 담임목사의 메시지임은 분명하다. 거기서부터 모든 교회의 역동성과 예배의 은혜가 시작되는 것도 사실이다. 그러나 설교가 예배의 전부는 아니다.

예배의 준비, 찬양, 기도, 봉헌 등 예배의 전 과정이 모두 동일하게 중요하고 소중하며 이것들이 모두 하나가 될 때 영광스러운 예배가 되는 것이다. 설교말씀만 듣고 은혜받고 간다는 식의 예배의 태도는 교회와 성도들에게 영적으로 기형적인 모습을 만들 가능성이 아주 높아진다. 모든 부분에 마음을 담아야 하며, 특별히 주님의 임재를 경험하는 성찬식은 우리가 주님 앞에서 한 형제, 한 자매임을 늘 기억하게 하는 중요한 의식이다. 예배는 목회자에 의해서 주도되어 드려지며 성도들을 참여하는 객체가 아니라 모두가 함께 준비하고 함께 드려지는 예배가 되어야 한다.

예배의 본질에 있어서 더 깊이 생각해 봐야 할 부분은 예배에 성 삼위 하나님께 돌리는 영광이 나타나고 있는 가하는 부분이다. 영광을 돌릴 주체이신 성부 하나님이 묵상되며 내 입술로 고백되는지 십자가의 보혈로 구속해 주신 예수그리스도의 은혜가 나타나는지 성령님의 깊은 임재가 경험되는지를 살펴보아야 한다. 최근 한국교회의 예배는 지극히 감성을 터치하는 부분으로 흐르고 있다. 감성적인 자극은 하나님의 임재를 경험하거나 하나님을 깊이 있게 묵상하는데 큰 유익을 주는 것은 분명한 사실이다. 그러나 자칫 잘못하면 예배의 주격이 하나님이 아니라 나 자신의 느낌일 수가 있다는 것이다. 찬양도 가사나 내용에 마음의 고백을 담는 것이 중요한 것이 아니라 리듬이 중요한 시대가 되어 자신의 감정과 예배를 통해 카타르시스를 경험하는 것에만 집중한다면 결코 건강한 그리스도인이 될 수 없다.

예배는 이 시대의 문화적인 옷을 입고 하나님께 영광 돌리는 행위이기 때문에 문화적인 요소나 그 시대의 성도들의 정서를 고려하여 예배의 순서나 흐름을 만드는 것은 매우 중요한 일이다. 그러나 이러한 주변적인 것들로 인해 본질을 잃어버리는 예배가 되지 않도록 해야 한다.

예배의 본질을 흐리게 하는 요소들이 무엇인지 살펴볼 필요가 있다. 전통적으로 내려오는 의전적인 요소와 전통적인 절차를 너무 중요시하다보니 예배가 형식적으로 끝나게 되는 요소가 없는지 살펴보아야 할 것이다. 꼭 한 가지 틀에다 모든 것을 담기보다는 때로는 찬양이, 때로는 말씀이, 때로는 기도가, 때로는 성례가 더 집중되어 예배를 드리는 성도들이 매 순간마다 하나님의 임재와 은혜를 경험하는 예배가 되어야 할 것이다. 우리교회는 예배를 예배되게 하기 위해 노력하며, 성도들이 성 삼위 하나님께 깊이 집중할 수 있는 예배를 드리고 싶다. 감사한 것은 현재의 문화를 담으면서도 본질을 추구하는 예배를 드리고 있는 교회들이 많아 벤치마킹하여 배울 수 있다는 점이다. 예전에 몸 담았던 새로남교회 역시 영광스러운 예배를 드리기 위해 최선을 다하는 교회이다. 좋은 모습을 많이 배울 수 있고 적용할 수 있어 감사하다.

교회에 있어서 예배는 생명이며, 성도들에게 있어서 예배는 삶의 전부가 되어야 한다. 교회에는 깊은 예배를, 가정에서는 가정예배를, 직장에서는 신우회 예배를, 그리고 삶에서는 삶으로 드리는 예배가 있어야 할 것이다.

복음을 전하는 교회

교회는 세상을 향해 복음을 전하도록 보내심을 받은 공동체이다. 이웃에게는 복음을 전하며, 멀리 있는 나라에는 선교사를 보내어 복음을 전하는 이 귀한 사역은 교회의 존재를 결정하는 중요한 사역이다. 예배를 강조하는 교회들은 전도와 선교를 등한시하고 전도와 선교를 강조하는 교회들은 예배를 조금 덜 강조하는 경우를 보게 된다. 이는 지도자의 특성과 관심영역, 그 교회가 가진 특수성 등이 반영되어 그렇다는 생각도 들지만 균형감을 상실하지 않는 교회가 되도록 힘써야 한다는 생각을 해 보게 된다.

이웃에게 복음을 전하는 방법론적인 문제에 대해서는 지금도 끝없이 연구되고 있다. 이 문제는 시대마다 그리고 지역교회가 있는 위치마다 다르게 접근되어야 할 것이다. 우리가 사역하게되는 수원지역에서 복음은 어떻게 전해져야 할 것인가? 나는 이 부분에 대해서 많이 기도하면서 생각해 보았다. 그리고 당분간은 복음은 문화를 통해서 전해야 한다는 생각을 갖게 되었다. 지역 주민의 경제적인 수준과 지적 수준은 다양한 욕구를 갖게 한다. 지금 이 시대에 이 지역에서는 찬양, 음악 등과 같은 수준높은 공연과 명사들을 초청하여 복음과 삶을 동시에 듣는 문화적인 접근을 통해 복음을 전하는 것이 필요하다고 본다. 주로 저녁예배를 통해서 문화를 포함한 예배를 드리려고 한다.

지역사회에 선한 영향력을 지속적으로 끼치므로 교회의 건강하고 아름다운 영향력을 확대해가야 할 것이다. 나는 오래전부터 교회가 교회안에 있는 어려운 성도들을 어떻게 도울 수 있을까라는 문제와 지역사회를 교회가 어떻게 품을 수 있을까에 대해서 깊이 연구해 왔다. 지역사회를 향한 복지도 그 지역의 정서와 수준이 고려되어야 한다. 아직도 무료급식이 필요한 지역이 있는 것도 사실이다. 그러나 보편적인 지역에서 무료급식과 같은 복지로는 지역사회에 복음은 전하기는 결코 쉽지 않다. 이 역시 문화적인 측면, 교육적인 측면을 고려하여 지역사회에 접근해야 하리라 생각된다.

교회는 지역사회의 복음화뿐만 아니라 세계속에 복음을 전해야 한다. 나는 오랫동안 선교담당목사로서 일하면서 선교에 효율성을 기하는 것이야말로 선교에 있어서 가장 중요한 일이라는 것을 깨닫게 되었다. 효율성을 기하기 위해서는 지도자의 큰 결단이 요구되기도 한다. 대체적으로 한국교회의 선교는 여러 선교사들을 조금씩 지원해 주는 형태를 띠고 있다. 그래서 우리 교회에서는 몇 명의 선교사를 후원하고 있다는 것이 선교를 얼마나 열심히 하고 있는가에 대한 반증으로 보여지기도 한다. 이렇게 선교를 하면서 내 마음에 늘 드는 생각은 동일한 재원을 가지고 투자할 때 어떻게 하면 효율성을 극대화하는 선교를 할 수 있을까라는 선교정책적인 문제에 대해서 깊이 고민하게 되었다. 이것 역시 시대적인 상황 교회의 여건 하나님께서 교회에 주신 고유의 사명 등을 중심으로 다시 생각해봐야 할 것이다.

우리교회는 선교에 있어서 한 지역에 집중하여 복음을 전하는 전략을 갖고자 한다. 우리교회가 함께 기도하면서 하나님의 뜻을 구하여 결정한 한 지역에 집중적으로 의료, 교육, 교회 개척, 어린이 사역, 장·단기 선교사 파송 등 우리가 할 수 있는 모든 것을 부어 한 지역을 변화시키는 것이다. 그리고 우리교회로 역부족이면 다른 몇 몇 교회와 연합하여 그 지역에 집중하고자 한다. 남서울은혜교회 홍정길목사님께서 러시아의 우리 동포들이 사는 곳에 집중적인 사역을 하듯이 그렇게 하면 우리교회가 할 수 있는 선교의 효율성을 극대화할 수 있을 것이다. 여기에도 부작용이나 반론이 있을 수 있다. 무엇보다도 지도자의 결단이 필요하다. 선택과 집중을 위해 이미 친분이 있고 알고 있는 많은 선교사들을 향한 지원을 중단하거나 지원을 하지 못하는 결단을 해야 할지도 모른다. 물론, 타 지역에서 선교하시는 분들을 배려하기 위해서라도 약간의 보완장치는 필요하지만 근본적으로는 집중을 위해 고민할 부분이 많아질 것이다.

강조하고 싶은 점은 이것이다. 선교를 문어발식으로 여기저기 조금씩 도와주는 것으로 끝낼 것이 아니라 작은 힘이지만 집중적이며 효율적으로 발휘할 수 있도록 사역하고 싶다. 그렇기 위해서는 선교사로 나간다고 해서 무조건 파송할 것이 아니라 양질의 선교사를 선별하여 지원해야 할 필요도 있으며 단기봉사팀을 체계적으로 훈련하고 준비시켜 지속적으로 그 지역에 보내어 의료, 교육, 교회 개척 등으로 선교사를 지원하며 할 수 있는 한 교회의 소중한 헌금이 가장 효율적으로 사용되어 하나님 나라 확장에 기여하고자 한다.

봉사가 기쁨이 되는 교회

교회는 성도들의 봉사와 섬김을 기초로 하고 있다. 봉사는 원래 기쁘고 즐겁고 좋은 것이다. 하나님께서는 우리가 선한 일을 행하도록 만드셨고 선한 일을 할 때 기쁨을 느끼고 누릴 수 있도록 만들어 주셨다. 그래서 봉사하는 일은 즐겁고 기쁘다. 그렇다고 해서 모든 봉사가 다 기쁜 것은 아니다. 봉사가 짐이 되거나 부담이 되는 것은 자신의 용량을 넘어선 봉사를 하기 때문이다. 사람마다 에너지의 크기가 있고 자신이 섬기기를 좋아하는 영역이 있으며 사람마다 가진 봉사의 시간이 다르다. 이것을 다 모아서 잘 섬길 수 있도록 열어주는 것이 은사배치사역이다.

미국의 새들백교회나 윌로우크릭교회에서는 은사중심사역을 오래전부터 진행해 오고 있다. 한국교회에서도 은사 발견을 통한 교회 봉사를 예전보다는 더 많이 이야기하고 있긴 하지만 아직까지 미국교회들처럼 은사중심사역이 진행되는 교회는 나타나지 않고 있다. 그러나 예전에 한국교회가 은사를 무시한 채 봉사를 강요하던 때와는 다른 모습을 나타내고 있다.

교회가 무엇인가를 생각할 때 잊지 말아야 할 것은 교회는 성도들의 모임이며 성도들은 그리스도의 몸을 이루는 지체라는 것이다. 이 지체들은 연합되어 있으며 서로가 서로를 돕기 위한 고유의 기능을 가지고 있다는 점이다. 교회는 은사공동체이다. 성도의 교제와 봉사에 있어서 특별히 자신에게 주신 은사를 고려하여 섬겨야 한다.

월로우크릭의 은사배치사역에 따르면 열정, 은사, 스타일을 확인하고 거기에 개인의 영적 성숙도와 봉사가능 시간을 합쳐서 그가 무엇을 할 수 있을 것인지를 고려하며 교회는 그 사람이 섬길 수 있는 기회의 장을 마련해 주어야 한다. 때로는 봉사를 위해 성도들을 훈련하고 모아야 하지만 때로는 성도들의 기쁨을 위해 봉사의 자리를 만들어야 할 때도 있다.

사회적 기업이 있다. 일반 기업은 이윤추구를 위해 기업을 만들고 사람을 고용하지만 사회적 기업은 고용을 위해 만들어진 기업이다. 이처럼 교회에서도 교회성장과 지역사회 섬김을 위한 봉사도 필요하지만 때로는 성도들에게 봉사의 기쁨을 제공하기 위해서라도 봉사의 장을 만들 필요가 있는 것이다. 봉사의 장을 교회 안에 국한시킬 때 문제는 어렵지만 지역사회로 확대하고 선교로 확대해 가면 더욱더 그 장이 넓어질 것이다. 농촌교회를 향해 아웃리치를 통해 지속적으로 돕거나, 지역사회복지 기관을 통한 지속적인 봉사나 혹은 교회안의 고급 인력들을 활용하여 지역사회 봉사를 진행하고자 한다.

여기에도 주의해야 할 부분들이 없지 않다. 피아노를 잘 치는 사람에게는 음악적인 부분을 맡겨야지 그 사람에게 스포츠분야를 맡겨서는 안되듯 은사가 충분히 고려되어야 하며 그들의 에너지의 크기를 고려해야 한다. 특히 섬김의 은사나 돕는 은사가 많은 사람들은 'NO' 라는 말을 잘 못한다. 그래서 지도자들은 이러한 사람들에게 일을 자주 맡기는 것을 선호한다. 그러다보면 이런 분들은 견디다 못해 폭발하게 되어 교회를 쉬게 되는 극단적인 선택을 하게 된다. 대부분 개척교회나 작은 교회에 다니다 떠나는 분들 중에는 봉사가 자신의 분량을 넘어서는 경험을 자주했기 때문이다. 이런 분들은 지도자가 잘 살펴서 그 짐을 가볍게 해 주어야 한다. 우리교회는 봉사가 기쁨이며, 봉사가 즐거운 교회였으면 좋겠다.

할 수 있는 한 모든 것을 다 주는 교회

지도자들의 성향을 보면 성장중심적인 지도자와 분배중심적인 지도자가 있는 것을 보게 된다. 대체적으로 성장중심의 지도자들은 큰 성과를 내며 가시적인 결과물을 만들어내며 성장을 주도하게 된다. 사람도 많이 모이고 재정도 많이 확보하게 된다. 반면에 이들은 선교, 복지, 나눔이 다소 약해져 진행하기는 하지만 전체의 비중에 비해서 아주 작게 진행된다.

반면에 분배중심적인 지도자들은 나눠주는 것을 좋아한다. 이들의 교회는 대체적으로 작고 영세하며 심한 경우에는 가진 것도 없으면서 주려고 애쓰는 역기능적인 모습을 보이며, 성장이 잘 되지 않는다. 나눔을 통한 기쁨이 있어야 하는데 이런 분들은 대체로 나눔을 통해서 오히려 짐을 안게 되는 것을 보기도 한다.

최근에 한국교회에는 이 둘의 균형점을 이룬 아름다운 교회들을 만나게 된다. 아주 이상적인 모습이라고 생각한다. 성장과 나눔을 동시에 이루는 교회들이 한국교회에 많아지길 소망하며 우리교회도 그런 교회중에 한 교회이길 바란다.

나는 이 둘 중에 어디에 해당되는 지도자인가를 생각해보면 두말할 것 없이 나눔 중심에 속한다고 할 수 있다. 처음에 목회를 시작하기 전에 복지를 공부했고 또 교회를 통해서 복지를 실현하고 싶은 마음이 많은 것도 사실이다. 그러나 나의 이러한 부분이 교회에 또다른 역기능을 가져오거나 성도들에게 지나친 부담을 주지는 않을까 염려된다. 지나친 나눔으로 교회가 성장할 수 없게 된다거나 줄 것도 없는데 퍼주는 일로 인해 또다른 파탄을 가져오는 비상식적인 일이 일어나진 않을까 솔직히 염려된다. 그래서 이 부분에 대한 보안을 하려고 지도자로서 부단히 노력하고 있다.

개척초기부터 복지와 봉사를 효율적으로 이루기 위한 재원확보를 위해 모든 절기헌금은 복지에 사용하도록 하고자 한다. 차후에 카페나 교회가 할 수 있는 수익사업을 통해 복지의 기금을 더 많이 마련하고자 한다. 더 나가서 하나님께서 은혜를 주셔서 교회가 교회로서의 기능을 감당할 수 있을 때가 된다면 교회행정은 전문사역자들에게 맡기고, 나는 말씀사역과 남들을 돕고 위로하며 격려하며 돕는 사역에 더욱 더 집중하고 싶다.

구제와 복지에 대한 구상들중에 한 가지만 더 첨가한다면 교회내에 있는 도움이 필요한 자들을 어떻게 할 것인가라는 부분이다. 초기부터 도움이 필요한 사람들만 대거 몰려오면 교회가 도울 힘이 없으면서 그들을 안고 가야하기에 큰 부담이 있을 수 있다. 그러나 교회가 어느 정도 여력을 갖췄을 때 교회밖의 복지는 물론이며 교회내에 도움이 필요한 사람들을 어떻게 도울 지에 대해서 깊이 연구해야 한다.

현재 한국교회는 주로 물질적인 구제를 중심으로 교회내의 어려운 성도들을 조금씩 돕고 있다. 복지에서는 사례관리라는 프로그램이 있다. 문제가 있는 한 사람이 나타나면 그 사람을 돕기 위해 다각적으로 분석하여 각 분야의 전문가를 투입하여 자립하고 스스로 사회생활을 할 수 있도록 돕는 것이다. 교회에서 이것을 부분적으로 도입해 보았는데 많은 가능성을 보게 되었다. 예전에 엄마가 도망가고 아빠가 알콜중독에 폭력을 행사하여 할머니와 사는 조손가정의 아이 둘을 나의 아내와 인근에 사는 두 분의 집사님께서 돌봐 주었다. 주거는 자신의 집에서 하지만, 매일 돌아가면서 우리 가정으로 초대하거나 이분들의 집에 방문하여 목욕하는 법을 가르쳐 주고 가정의 모습이 어떤 것인지 보여주고 쇼핑과 문화활동을 통해 가정이 무엇인지 느끼게 해 주었다. 처음에는 큰 혼란이 있었고 아이의 반항도 컸지만 변해가는 모습을 보면서 큰 가능성을 발견하게 되었다.

교회안에는 정서적인 위기감에 놓인 분들, 이혼직전에 계신 분들, 경제적인 어려움으로 가정파탄까지 가 있는 분들 등 다양한 분들이 있다. 이분들이 다시금 시작할 수 있도록 체계적으로 돕는 방안들을 계속 연구하고 있다. 언젠가는 좋은 사례들을 한국교회에 보급할 수 있는 날이 오리라 기대한다. 모든 것을 다 해 줄 수 없고 분명히 문제는 발생할 것이며 완전한 회복도 기대할 수 없을지 모르지만 할 수 있는 한 그렇게 하려고 한다.

먼저 지역 복지관이나 정부기관을 찾아서 그 지역에서 조사한 지역주민 욕구조사 자료를 확보하고 그것을 중심으로 교회가 무엇으로 지역사회를 섬겨야 할지에 대해서 연구하고자 한다. 지역사회를 섬기는 것 뿐만 아니라, 우리교회 자녀들을 위해 최선의 교육환경을 만들어 주는 주중교회를 실시하고자 한다.

우리교회 성도들의 자녀들을 위한 방과후 교실, 주중학교도 진행하고자 한다. 우리교회 성도들의 자녀들을 독립군자녀처럼 버려두는 것이 아니라, 차상위계층에게 실시하는 방과후교실과 같은 프로그램을 변형하여 성도들의 자녀들에게 학업교육, 예절교육, 세계관교육 등 주중교육을 통해 가정에서 소홀할 수 있는 부분들과 사교육비 절감 효과가 있는 교육으로 성도들의 자녀를 도울 필요가 있다. 이런 부분은 많은 한국교회들이 이미 진행하고 있어 벤치마킹하기가 쉽다.

나는 내 평생에 하고 싶은 일이 있는데 그것은 더 연약한 자들을 돕고 그들에게 용기를 주며 물질적인 필요도 공급하고 상담해주며 길을 안내해주는 일이다. 이것은 내가 가진 목회적인 은사 중에서 가장 잘 하는 일이며 평생을 통해서 이루고 싶은 일이다. 하나님께서 은혜를 주셔서 교회가 이런 일을 감당할 수 있도록 힘을 갖게 되고 그렇게 평생을 살 수 있었으면 좋겠다.

날마다 새롭게 태어나는 교회

교회는 날마다 새롭게 태어나야 한다. 옥한흠목사님께서 사랑의교회를 개척하시면서 한국교회는 평신도사역이라는 새로운 장을 여셨다. 제자훈련, 평신도사역 이런 말은 지금은 아주 익숙한 말이지만 이런 단어가 한국교회에 보급되게 된 것은 옥한흠 목사님으로 인해서 이다.

옥한흠목사님의 책을 보다보면 그의 교회사역이나 제자훈련이나 평신도 사역들이 교회론으로부터 출발했다는 것을 알 수 있다. 교회란 무엇인가에 대한 목회자로서의 올바른 대답을 찾기 위해 노력한 결과로 평신도사역이 탄생하게 된 것이다.

옥목사님이 강조하신 교회론 속에는 여러 가지가 있지만 특별히 주목되는 부분 중에 하나가 바로 '갱신' 이다. 옥목사님은 시대마다 시대정신이 있듯이 교회가 교회의 본질을 지키면서도 시대 속에서 교회로서의 역할을 담당하기 위해서는 날마다 새로워져야 한다는 것을 역설하셨다. 그리고 그분이 하신 모든 교회의 사역들을 보면 그 당시에는 상당히 파격적인 행보들이었다. 청바지에 긴 머리를 하고 젊은이들을 만난 것이나 교회이름을 '사랑의' 라는 소유격을 사용한 것도 한국교회에서 최초이다. 예배나 목회나 행정이나 모든 면에 옥 목사님은 새로움을 더하셨다.

교회 개척을 앞두고 옥목사님의 책들을 깊이 탐독할 기회가 있었는데 참 많은 것들을 생각하게 되었다. 특히, 갱신이라는 부분에 대해서 깊이 생각해 보게 되었다. 예수님이라면 어떻게 개척하셨을까를 생각하다가 옥한흠목사님이 나의 상황이라면 개척을 어떻게 하실까에 대해서 생각해 보게 되었다. 그 시대에 지역사회와 한국교회에 새로움이라는 것으로 늘 신선하게 다가가신 목사님을 생각하면서 이 시대의 문화와 정서와 그리고 시대정신들 앞에서 본질은 변하지 않으면서 성도들과 사회앞에 늘 신선함을 갖게 하는 교회는 어떤 모습일까를 깊이 생각하게 되었다.

동일한 주제, 동일한 과제, 유사한 예배 환경, 유사한 주일 교육과 훈련, 유사한 선교와 봉사의 모습이 있다면 옥목사님은 여기에 그 시대의 정신과 문화를 담아 새로움을 더욱더 가미하셨으리라는 생각을 하게 된다. 예배의 신선함, 교회문화의 신선함, 사회참여에 대한 신선함 등 영혼구원과 복음전파를 위해 우리 교회가 이 지역 안에서 할 수 있는 신선한 사역들은 무엇인지에 대해서 기도하며 연구하게 되었다. 앞으로 우리교회는 기존의 모습보다는 복음의 본질을 훼손하지 않으면서 성도들이 기뻐하며 이웃에 행복을 주는 새로움을 날마다 찾아 실현하는 교회가 되었으면 좋겠다.

해 아래 새 것이 없다는 전도자의 말씀처럼 이미 누군가는 시대속에서 고민하고 연구하여 시행하고 있는 좋은 프로그램과 정책들이 많이 있다. 그것을 선별하여 보급하는 것이 지도자의 몫일 것이다. 예전에 가나안농군학교 김범일 장로님께서 강연에서 하신 말씀이 기억에 난다. 매일 기상나팔을 불라는 아버지 김용기 장로님의 말씀에 순종하기가 힘들어서 이것 하지 않으면 안되냐고 물었을 때 김용기 장로님은 평생 그의 가슴에 남을 말씀을 해 주셨다. '어떤 사람은 나팔을 불기 위해서 만들기도 하는데 너는 만들어준 나팔을 주어도 불지 못하느냐?' 이미 건강한 한국교회를 위해 많은 좋은 프로그램을 만드시고 소개해 주신 선배목사님들의 사역을 계속해서 잘 배워 가고자 한다. 교회가 늙었다거나 교회가 구태의연하다는 인식을 주는 것이 아니라 날마다 신선한 모습으로 세상 사람들에게 복음으로 다가가는 교회가 되었으면 좋겠다.

성도들이 행복한 교회

나의 평생 화두는 '내가 만나는 모든 사람들이 행복해지는 것이다.' 그래서 '당신이 행복했으면 좋겠습니다. (생명의말씀사)' 라는 책도 집필하게 되었다. 원래 남을 돕기를 좋아하는 부모님의 성품을 물려 받은 것도 있지만 이러한 생각이 구체화 된 것은 아이들이 태어나면서 부터였다.

내게는 두 명의 딸이 있다. 딸을 낳고 난 이후에 나의 아이가 무엇이 되었으면 좋겠다는 기대감이 사라져 버렸다. 만일 아들을 낳았으면 나의 대를 잇는 목회자를 만들겠다거나 사회적으로 무슨 일을 하게 하려고 스파르타식으로 교육을 하지 않았을까하는 생각도 해 보았다. 그러나 딸을 보면서 모든 기대감이 사라졌고 그냥 이 아이가 행복했으면 좋겠다는 바람만을 갖게 되었다. 결코 성차별 때문에 그런 것은 아니다. 내가 살아온 가부장적인 환경과 남성중심적이며 유교적인 어린 시절의 환경들로부터 받은 영향일 것이다. 이런 생각은 우리 딸들을 보면서 들었다는 것이지 그 이상의 의미는 없다는 것을 밝힌다.

그런데 중요한 것은 이런 생각이 아이들을 더 행복하게 했고 정서적으로 더욱더 건강하게 자라게 했다. 요즘 자녀교육의 화두는 '남의 자식처럼 키우라' 는 것이다. 지나친 기대와 애정이 아이를 망칠 수 있다는 말이다. 아이에게 무엇인가를 기대하기 보다는 그냥 행복하면 좋겠다는 생각으로 대하면서 할 수 있는 한 모든 것을 다 해주려고 노력했다.

이 생각은 우리교회 성도들을 볼 때도 동일하다. 물론 어린아이와 성인을 대하는 태도는 다를 것이며 소수의 아이를 양육하는 것과 여러 명의 성도를 대하는 것은 다를 것이다. 그러나 분명한 것은 나와 함께 하며 내가 만나는 우리교회 성도들을 행복하게 해 주고 싶다는 것이다. 어떤 것이 이들을 진정으로 행복하게 해 주는 것인지는 계속 연구되어야 할 부분일 것이다.

내가 가진 성향이 연약한 자들을 돕는 데 집중되어 있기 때문에 상대적으로 더욱더 건강하고 강한 그리스도인을 세우는 훈련에 집중하는 부분에서는 다소 약점을 노출할 수 도 있다는 생각을 갖고 있다. 그래서 이 부분에 대한 보안도 고려하고 있다. 나는 체력적으로 약하고 못하는 것이 많으며 잔병도 많이 앓아보았다. 그래서 무엇보다도 사람마다 에너지의 크기가 다르며 사람마다 할 수 있는 일의 용량이 다른 것을 참 많이 경험했다. 지도자로서 성도들이 더 나은 방향으로 가도록 당겨주고 이끌어주어야 하는 것은 자명한 일이지만 너무 과도하게 당길 경우 심한 영적 육적 피로감을 호소하는 것을 보게 된다. 이들에게 적절한 균형점을 찾아주는 것이 필요하다고 본다. 쉼이 필요한 자에게는 쉼을 주며 훈련이 필요한 자에게는 훈련을 그리고 이미 모든 것을 갖춘 자에게는 스스로 봉사하는 장을 찾아 선교와 봉사를 통해 복음을 전하도록 길을 열어주고 제도적으로 그것들을 보완해 주어야 할 것이다.

지금은 개척을 시작하지만, 하나님께서 은혜를 주셔서 교회가 자립하면 지금 개척하는 이 자리에서 조금 옆으로 가서 땅을 구입하고 전원교회 형태로 성도들이 온종일 교회에서 머물면서 예배와 쉼과 훈련과 모든 것을 다 할 수 있는 교회를 만들어가고자 한다. 이부분에 대해서도 실패한 교회들과 성공한 교회들의 사례를 살펴보았다. 그리 많지는 않지만 우리들이 보아도 깜짝 놀랄 만큼 도시생활에 지친 성도들에게 매주 활력을 공급하는 교회들도 보았다. 우리교회도 그런 교회 중에 하나이고 싶다.

예수님으로 인해 행복하고 좋은 교회로 인해 행복하며 부족하지만 나를 담임목사로 만나 행복해지는 우리교회 성도들이 되도록 주님께서 내게 허락하신 그 시간동안 최선을 다해 목양하고자 한다.

콘텐츠가 있는 교회

예수님 안에 구원이 있으며 예수님만이 이 세상의 유일한 소망이라는 진리는 하나이지만 그 진리를 교회가 담아내는 과정은 시대마다 다르며 지역마다 다르며 문화적인 요소를 따라 다소 다르게 나타날 수 있다. 교회 개척을 준비하면서 교회에 관한 책들을 많이 읽게 되었는데 놀란 것은 내가 이전에 알지 못했던 다양한 모습의 교회들이 많다는 사실이다.

예전에 미국교회를 탐방한 적이 있었다. 그때 받은 신선한 충격은 아직도 내 마음에서 가시지 않는다. 미국을 여행한 것 자체도 기뻤지만 미국에서 앞서가는 많은 교회들을 방문하고 그 교회에서 행하고 있는 교회비전이나 프로그램 등을 살펴 보면서 내가 얼마나 우물 안의 개구리처럼 근시안적인 태도를 가지고 살았는지를 알게 되었다. 최근에 여러 책을 보면서 다양한 모습의 교회들을 보았다. 이 모든 교회들은 진리를 진리되게 하되 시대, 정서, 지역의 위치, 여건 등을 고려하여 최선을 다해 복음이 복음되게 하고자 힘쓴 교회들이었다.

새로운 교회사역을 준비하면서 가장 먼저 고려했던 것은 지도자로서 나 자신의 장점과 약점 그리고 한계였으며 그 다음으로 고려한 것은 미래의 한국사회의 변화와 한국교회의 미래의 모습이었다. 앞으로 한국 사회가 어떻게 될지에 대해서는 많은 연구와 예측들이 나와 있다. 그리고 그러한 변화와 함께 교회도 새로운 변화들을 맞이하게 될 것이다.

많은 이야기를 다 다룰 수는 없을 것이다. 여기서 나누고 싶은 이야기는 앞으로 미래의 교회는 교회의 크기보다는 내용 즉 콘텐츠가 더 중요하게 될 것이라는 점이다. 콘텐츠 (contents)는 통신망 또는 방송망을 타고 흐르는 영상 등 각종 정보를 통칭하는 용어로 원래는 책이나 논문 등의 내용이나 차례를 지칭하는 용어로 독창적인 아이디어나 내용들을 말한다. 쉽게 설명하면 콘텐츠가 있는 교회라는 것은 내용이 있는 교회를 말하며 다른 교회들에 비해서 독창적이며 창의적인 내실들이 가득한 교회를 말한다.

교회가 크다고 꼭 큰 일을 할 수 있는 것은 아니다. 교회가 작다고 해서 아무 일도 할 수 없는 것도 아니다. 영향력이라는 면에서는 교회가 크면 클수록 영향력을 갖게 될 것이며 자본주의 사회에서 재정적인 능력을 많이 갖고 있다는 것은 더 많은 사역을 잘 할 수 있는 가능성이 있는 것도 사실이다. 분명한 것은 작아도 얼마든지 하나님의 영광을 위해 살 수 있다는 것이다. 그 지역에 적합한 교회, 그 목회자와 그 교회 성도들이 가진 고유한 은사를 극대화한 작은 교회들이 이 땅에 더 많이 나오게 될 것이라고 전망해 보게 된다.

교회의 고유의 사역인 예배, 전도, 봉사, 나눔, 교제 등을 생각해보면서 돈이 들지 않고도 가능하지 않은가라는 질문을 해본다. 초대교회도 돈으로 사역하지는 않았을 것인데 언제부터인가 우리의 교회들은 재정으로 모든 것을 다 하려고 한다. 물론 이 시대가 숨만 쉬어도 돈이 나가는 시대이기에 돈이 드는 것은 분명하지만 이것은 본질을 자주 바꾸어 놓게 하는 요인이 되는 것도 사실이다. 사역을 생각하면서 재정에 대한 의존도가 너무 높다는 것도 새롭게 반성하게 되었다.

지금 이 시대에도 크고 작고의 문제가 아니라 독창적인 콘텐츠를 가진 기업들이 점차 자리를 잡고 있는 것을 보면서 교회의 모습도 더욱더 다양화되지 않을까를 생각해 보게 된다. 앞으로의 교회들은 외부의 크기에 의존하지 않고 외형적인 성장에만 집중하는 것이 아니라 자신들만의 독창적인 콘텐츠가 있는 교회들이 점점 많아질 것 같다. 지금 개척하시는 분들만봐도 저마다 교회로서의 독특한 강점과 장점을 가지고 있는 것을 보게 된다.

우리교회는 어떤 모습으로 자라가게 될 것인가? 생각만 해봐도 즐거운 일이다. 아주 자유롭고 스트레스 받을 일이 거의 없는 교회가 될 것은 분명한 것 같다. 그리고 지도자인 내가 가진 은사들이 사역으로 확대될 것이다. 그러면 성경말씀을 배우는 프로그램들이 활성화될 것이며, 문서사역이 활발해질 것이며 기독교문화행사가 많아 질 것이며 기독교 복지에 대한 연구가 많아질 것이다. 농촌교회와의 네트워크나 선교지역과의 네트워크가 되는 일들에도 창의력이 담긴 모습들이 나타나게 될 것 같다.

이제는 외형과 형식이 강조되는 시대가 아니라 실속 있고 내실 있으며 분명한 내용과 주제가 있는 교회의 모습들을 갖추어 가야 할 때가 된 것 같다. 하나님께서 속히 은혜를 주셔서 자립하게 되고 교회의 순기능을 속히 이루어가는 때가 오기를 간절히 소망하며 기도드린다.

말씀을 따라 사는 삶

하나님께 맡기세요

작고 예쁜 화초를 선물로 받았다. 임신 중인 아내가 기르면 정서적으로 좋을 것 같아서 아내에게 다시 선물했다. 첫 날 우리 집에 왔을 때 화초는 잎도 푸르고 색깔도 좋았다. 그런데 일주일이 못되어 입에 흰색 가루 같은 것이 보이더니 잎사귀가 하나 둘씩 노랗게 말라 떨어지기 시작했다. 물을 주기도 하고 관심도 가져 봤지만 화초는 점점 말라 죽어갔다.

아내는 문득 지난번 유산의 기억으로 마음이 무거워졌다. 첫 아기를 임신했을 시점에 생일선물로 기타를 받았다. 그리고 기타를 연습하던 도중, 기타 줄이 끊어지는 일이 있었다. 남편에게 갈아 달라고 여러 번 부탁했지만 남편은 귀담아 듣지 않고 바쁘다는 이유로 결국 기타 줄은 끊어진 채 방치되었다. 살얼음 위를 걷는듯한 임신은 끊어진 기타줄처럼 5개월을 채우지 못해 유산되었다. 기타 줄과 유산에는 아무런 개연성도 없으며, 그것을 애써 연관 짓는다면 오히려 신앙에 문제점이 있다고 생각했다. 그러나 무엇인가를 잡고 싶어 하는 간절함이 있는 사람들에게 주변의 작은 징조들은 마음을 참으로 부담스럽게 하는 것은 분명한 사실이다. 임신한 아내에게 끊어진 기타 줄은 마음에 아픔으로 남게 되었다.

하나님께서는 결혼 6년 만에 아기를 다시 갖게 하셨다. 지난번처럼 살얼음 위를 걷는 시간은 계속되었다. 두 번의 유산의 위기를 넘겼고 일주일 이상 입원해야 했던 시간도 있었다. 병원에서 돌아온 지 얼마 되지 않아 화초를 선물 받았고 지금 그 화초가 죽어가고 있는 것이다. 어느 새 아내는 자기도 모르게 화초와 아이를 동일시하고 있었다. 떨어지지 않는 마지막 잎새를 보며 용기를 가지고 살아난 환자의 이야기처럼 화초를 그렇게 바라보고 있었다. 마음과는 달리 화초의 죽어가는 정도는 더 심했고 회생의 가능성이 보이지 않자 혹시나 하는 마음으로 밖에 내어놓았다.

화초를 밖에 내어놓고 잠깐동안 화초에 대해 잊게 되었다. 화초가 밖에 있다는 사실을 깨달은 것은 비바람 천둥 번개가 지나간 일주일 후였다. 어떻게 되었을까에 대한 궁금함과 혹시나 하는 걱정된 마음으로 교회 벽 난간으로 다가갔다. 거기에는 너무나도 건강하게 푸른색을 되찾은 화초가 반갑게 아내를 기다리고 있었다. 처음 우리 집에 왔을 때보다 더 건강했으며 가지에서는 새 순이 돋아나고 있었다. 일주일동안 바람도 불었고 비도 내렸고 햇볕도 강렬했다. 그런데 화초는 우리의 생각과 기대를 뛰어넘어 더 싱싱하게 자란 것이었다. 그날 저녁 아내는 화초를 안고 하나님께 감사의 기도를 드렸다. 그리고 조용히 하나님께서 주신 귀한 깨달음을 나누기 시작했다.

"처음에는 화초가 죽는 줄 알았어요. 집안에서 정성껏 키워도 잘 살지 못하던 화초가 밖에 둔다고 더 잘 산다고 보장할 순 없잖아요, 그런데 더 건강하고 푸르게 자란 화초를 보면서 사람이 아무리 자기 생각과 방법으로 노력하고 잘해 보려고 해도 소용이 없었지만 하나님의 법칙 속에 던져두니까 더 잘 자라는 것을 깨달았어요. 나도 내 아이를 하나님의 법칙 속에 온전히 맡겨야 할 것 같아요."

불안을 떨쳐 버릴 수 없던 과거의 기억이나 조금의 이상만 보여도 간절하게 의사를 찾아야 했고 의사의 소견하나가 자신의 심정 속에 천국과 지옥을 반복케 하는 일이 있었지만 이제는 그러한 것들을 뒤로 두고 온전히 하나님께 아이의 생명의 문제를 던지기로 결심한 것이다.

사람의 노력보다도 전능자의 주권이 더 크시다는 사실을 일찍이 알고 있었지만 다시금 푸르름을 찾은 작은 화초를 통해서 진리는 더 깊게 다가오고 있었다. 하나님의 법칙 속에 있던 화초가 인간의 정성과 사랑 속에서보다 훨씬 더 잘 자라는 것을 보며, 아내는 자신의 최대의 문제점이 임산부로서 건강하지 못한 자신의 몸 상태가 아니라 하나님에 대한 온전한 신뢰의 부족에 있음을 발견했다.

시간이 지났다. 빼곡히 꽂혀있는 책들 앞으로 작은 선인장과 화초가 나란히 서 있다. 푸른 잎을 그대로 간직한 채 사이좋게 서 있다. 그리고 그 책장 아래에 예쁜 아기가 새근새근 잠을 자고 있다. 화초도 아기도 하나님의 법칙 속에서 건강하게 잘 자라고 있다.

상상을 초월하는 하나님의 응답

한 평생을 살아가는 동안 우리는 셀 수 없을 정도의 한계와 좌절을 경험하게 된다. 상황과 조건은 사람마다 다르지만 어쩔 수 없는 연약한 인간임을 절감하게 되고 심리적으로나 정서적으로 더 물러설 수 없는 바닥까지의 경험을 반복적으로 하게 된다. 이러한 고뇌 속에서 하나님께 간구하게 되고 많은 그리스도인들은 기도의 응답을 통해 문제를 해결하게 된다. 그러나 문제의 해결이 끝나고 나면 또다시 연약한 인간의 본성으로 돌아가 그 사건의 해결을 우연이나 자신에게 주어진 행운정도로 치부하는 경우도 적지 않다.

인생이 힘들기는 성경속의 인물들도 마찬가지였던 것 같다. 이스라엘 민족을 애굽 땅 노예로부터 해방시켜 가나안 땅으로 인도하여 내던 민족의 지도자 모세에게도 우리와 같은 동일한 고민이 있었다. 길이 순탄하고 형통할 때는 그렇지 않았지만 음식이나 물이 부족하거나 적들로부터의 위험이 있을 때마다 백성들은 지도자를 죽이려고 했고 모세는 심각한 고민에 빠지게 되었다. 그때마다 모세는 스스로 해결방법을 내어놓지만 그것은 하나님께서 응답해주시는 방법과는 커다란 차이가 있었다.

어떤 문제이든지 스스로 해결할 수 있었다면 우리는 그것을 하나님의 도우심이라고 생각하지 않을 것이다. 그러나 삶의 순간순간 부딪히는 문제들이 자신의 능력으로는 도저히 해결할 수 없는 불가능한 일들뿐인 것도 따지고 보면 하나님께 의뢰할 수 밖에 없도록 하신 하나님의 배려가 아닌가라는 생각도 든다.

백성들은 고기가 먹고 싶다고 모세를 원망하기 시작했고 지도자는 고뇌에 빠지게 된다. 하나님께서는 이미 만나라는 하늘로부터 내려오는 양식을 그들에게 주었지만 그들은 고기를 요구했고 모세에게는 해결방법이 보이지 않았다. 모세도 하나님께 이들의 원망에 대해 지쳐가고 있는 자신의 심정을 아뢰었다.

"하나님 제가 저들을 낳았습니까? 나에게 고기를 달라고 하는데 어떻게 하라 말씀입니까?"

그때 하나님께서는 백성들의 입에서 고기 냄새가 나서 물릴 정도로 스무 날 동안 고기를 먹게 해 주시겠다고 약속하셨다. 그러자 모세는 하나님께 의문을 제기했다.

"하나님, 지금 이 백성은 보행하는 자가 60만 명인데 이들을 한 달간 고기를 먹인다는 것이 가능하겠습니까? 우리가 갖고 있는 가축을 다 잡아도 부족하고 바다의 물고기를 잡아온다고 해도 이 많은 백성을 먹이기에 절대 부족합니다."

모세의 상황판단은 지극히 합리적이고 현실적이었으며 정상적이었다. 모세가 제시한 해결책으로는 답이 나오지 않았다. 그러나 하나님의 응답은 모세가 제시한 해결책과는 차원이 달랐다.

모세가 백성들에게 고기를 먹일 방법은 가축도 아니었고 바다의 물고기도 아니었다. 그 다음날부터 바람과 더불어 백성의 진중으로 날아든 메추라기 떼는 이스라엘 백성의 진을 가득 메웠고, 하나님의 약속은 성실하게 이행되었다.

우리는 메추라기를 하늘에서 내리신 하나님의 기적을 성경을 통해 읽어 익숙하지만 모세의 생각 속에는 하늘에서 고기가 떨어질 것이라는 것은 상상 밖의 일이었다. 그가 생각한 것은 가축과 바다의 물고기를 잡는 것이 전부였다. 그러나 하나님의 응답은 그 모든 차원을 넘으셨다.

하나님의 응답은 인간의 생각과 한계를 넘어서는 새로운 방법이다. 그러기에 이 일들을 하나님께서 하셨다고 명확하게 고백하게 되고 오직 하나님께만 영광을 돌리게 된다. 하나님께서는 모세뿐만 아니라 많은 그리스도인들에게 하나님은 이러한 방법으로 인도하셨다.

하나님의 방법은 우리가 기대할 수 없는 상황으로부터 시작된다. 믿음은 바라는 것들의 실상이요 보지 못한 것들의 증거라고 했다. 더 바랄 수 없는 상황에 봉착했을 때 우리는 하나님을 바라보게 되며 그분의 방법을 알게 된다.

가장 곤고하다고 느끼는 그 순간이 바로 하나님과 함께 시작할 수 있는 때인 것이다. 지금 우리에게 필요한 것은 불가능한 현실을 분석하는 것이 아니라 하나님께 기도하고 그분의 방법에 이끌리는 것이다.

버팀목

무서운 비바람이 지나가고 나면 과수원의 많은 나무들은 자기의 무게를 이기지 못해 쓰러진다. 열매가 많아 무게가 무거운 나무일수록 비바람을 견디지 못하고 쉽게 쓰러진다. 인생도 그런 것 같다. 삶의 무게가 무거운 사람일수록 시련의 비바람에 더 견디기 힘든 것 같다. 태풍이 지난 후에 나와 아버지는 넘어진 과일나무를 다시 세우고, 또 준비한 나무의 부목으로 그 밑을 받쳐 주는 일을 하곤 했다. 그러면 이 과일나무는 버팀목 덕분에 다시 뿌리를 내릴 수 있게 되고 튼튼하게 자라 다시 열매를 맺었다. 지금은 농촌을 떠난 지 오래되었지만 가축과 과수원을 돌보던 때의 습관들은 나의 일상과 사람들을 만나는데 중요한 원리들을 제공해 주었다.

내 책상위에는 작은 관상초가 있다. 난 항상 그의 푸름을 바라보며 잠시 여유와 쉼을 갖는다. 언제부터인가 나는 이 작은 풀을 사랑하게 되었다. 혹시나 죽이진 않을까 염려하는 주위의 기대와는 달리 농군의 아들답게 물도 주고 사랑도 주면서 함께 잘 지내고 있었다. 그러던 어느 날인가부터 나의 화초가 바로서지 않고 자꾸 넘어지고 있었다. 자세히 살펴보니 작은 화분 속에서 화초가 너무 자라 더 이상 뿌리를 내릴 수 없을 뿐 아니라 줄기도 힘을 잃고 있었다. 그래서 난 그를 더 큰 화분으로 이사를 시켰다. 분갈이를 하고 물도 많이 주었다. 그런데 예기치 않은 문제가 발생했다.

이사 온 화초는 지난 번 보다 더 힘이 없이 고개를 숙였고 또 몇몇 잎들은 노란빛을 띠며 말라가는 것이었다. 스스로는 더 자생할 수 없을 것 같은 화초를 보면서 참 안타까웠다. 언제나 변함없이 내 책상 한 모퉁이에서 푸름을 자랑하며 내게 기쁨을 주던 화초가 시들고 있는 것이다. 늘 푸를 줄만 알았는데 혹독한 시련 끝에 의기소침해져 있는 나의 모습이 이 작은 풀 속에 투영되었고 그러기에 더욱더 이 화초를 살리고 싶었다.

'어떻게 해서든지 살려야 할텐데... 다시금 싱싱한 생명력을 자랑하게 해야 할텐데...' 나의 관심은 이 화초를 살리는데 집중되었다. 그리고 예전에 농사지을 때의 기억을 떠올리고 화초를 위해 버팀목을 대기로 했다. 버팀목이라고 해서 거창한 것도 아니었다. 화초를 위해 한 버팀목은 나무젓가락 두 개를 화분에 꽂아 둔 것이 전부였다.

그러자 화초는 그 나무젓가락에 자신의 몸을 의지한 채 다시금 뿌리를 내리기 시작했다. 그리고 며칠이 지나서는 줄기에 힘을 얻어 다시 서고 이제는 이파리 색깔도 예전처럼 돌아왔다. 더욱 더 감사한 일은 새 순이 올라오기 시작한 것이다. 이 화초를 다시 서게 한 일등공신은 버팀목이었다. 만약에 그때 버팀목을 대어주지 않았다면 이 화초는 죽었거나 아니면 등이 굽은 채로 생명만 겨우 유지했을지도 모른다.

화초처럼 나의 모든 삶도 다시금 푸르름을 되찾았다. 그리고 작은 버팀목이 우리의 일상에서 얼마나 중요한가를 새삼 깨닫게 되었다. 보잘 것 없는 나무 막대기가 생명의 회복을 가져 다 줄 수 있다는 것을 배웠다. 그리고 아무리 강하다고 할지라도 스스로 뿌리를 내릴 때까지는 기댈 언덕이 필요하다는 것도 알게 되었다.

때로는 우리의 인생 속에서 지치고 힘에 겨워 다시 일어설 수 없다고 느껴질 때 우리에게는 작은 버팀목들이 필요하다. 언젠가는 다시 스스로 견고히 설 수 있게 될 것임을 알고는 있지만, 지금은 힘들고 정말 홀로 설 수 없는 순간들을 만나게 된다. 그때 우리는 친구의 소중함을 알게 되고, 가족의 소중함을 알게 되고 사랑의 소중함을 알게 된다.

우리는 자신의 아픔을 통해 다른 사람의 아픔을 돌아보게 된다. 그리고 서로의 소중함을 다시금 배우게 된다. 결국 인간은 홀로 살 수 없는 존재인 것이다. 우리에게 화평과 사랑을 주신 그리스도의 대사로서 이 땅에서 예수님의 모습을 나타낼 수 있는 것은 지친자 들에게 어깨를 빌려 줄 수 있는 여유와 서로에게 작은 버팀목이 되어 주는 것일지도 모른다.

비록 막대기처럼 여겨지는 인생이라 할지라도……

아버지의 기도

아버지는 기도하는 사람이다. 아버지가 하나님께 기도했던 세월과 시간들은 그가 살아왔던 인생의 많은 환난과도 무관하지 않다. 아버지는 남의 이야기를 잘 믿는 편이었다. 사업을 하는 친구들과 형제들의 말을 의심 없이 믿으셨고, 그 결과 자신을 위해서는 한 번도 제대로 써보지 못한 재산들을 보증이라는 이유 때문에 허비했고 평생의 많은 부분을 빚 갚은 일로 보내야만 했다. 자신을 위해서나 자식을 위해서는 한 푼도 제대로 써 보지 못한 채 그렇게 남의 빚잔치에 많은 인생을 보내야만 했다. 그러기에 가정은 빚쟁이들과 날아드는 은행의 독촉장으로 어수선했고 가족들이 당한 수단도 대단했지만 정작 가장 힘든 건 아버지 자신이었다.

그는 자신의 삶의 고난에 대해서 아들에게 한 번도 제대로 이야기하지 않았지만 이미 소천하신 할머니를 통해 자살을 고려한 적이 있었다는 말을 전해 들었을 때 아들은 험난한 아버지의 인생을 본인도 체득하고 있음을 알았다.

그래서인지 아버지의 기도의 많은 부분은 경제적인 것과 관련되어 있었다. 그가 힘든 40대 중년의 고개를 넘어서고 몇 차례 경제적인 수난을 겪고 난 이후에 하나님께 드렸던 기도는 다름 아닌 아굴의 기도였다.

"나를 부하게도 마옵시고 가난하게도 마옵소서. 내가 부하여 하나님을 모른다고 하는 것이 두렵고 가난하여 남의 것을 도적질할까 두렵습니다."
하나님을 향한 아굴의 기도에서 강조된 부분은 부함이 아니라 가난하게 말라는 부분이었을 것이다.

아들은 경제적으로 실패한 아버지를 신뢰하지 않았다. 그리고 그를 아버지로 보기보다는 인생의 실패자로 보았다. 아버지와 아들사이에는 보이지 않는 긴장관계가 있었고 언젠가부터 아들은 고향에 가는 것조차도 꺼려했다. 어머니가 자식을 위해 마련한 적금이 만기가 되어 찾기 불과 몇 달 전 송두리째 빚쟁이에게 넘어가는 일이 발생했을 때 그들의 갈등은 어머니의 눈물과 함께 표출되었다. 하나님의 도우심으로 다시금 몇 번 일어선 때도 있었지만 그러한 일들은 또 남 좋은 일로 끝났고, 가정에 남은 것은 오직 고난뿐이었다.
아버지의 실패는 계속되었고 회갑이지나 늘 검은 줄만 알았던 아버지의 머리에 흰서리 빛이 비칠 때도 그의 삶이 힘들기는 마찬가지였다.

회갑이 지난 후 아버지의 기도는 욥의 기도가 되었고 삼손의 기도가 되었다. "나의 모년이 욥의 모년과 같게 하소서"라는 욥의 삶에 대한 동의와 회복을 갈구했고 "하나님, 나에게 마지막으로 힘을 한번만 더 주셔서 원수들의 조롱 앞에서 하나님을 나타내소서"라고 두 눈이 뽑힌 채 불레셋 앞에서 기도하는 삼손의 절박한 절규가 바로 그의 기도였다. 그 기도를 우연히 알게 되었을 때 아들은 잠을 이룰 수가 없었고 설움과 서글픔에 베갯잇을 적셔야만 했다.

시간이 지났고 하나님은 아버지를 버리지 않으셨다. 그의 기도는 조금씩 이루어져 갔다. 아굴의 기도가 응답되었고 욥의 기도가 이루어져가고 있었다. 그 후 아들은 신학대학원을 졸업하고 한 교회에서 사역을 하게 되었다. 그리고 처음 새벽예배를 인도해야 하는 날이 되었다.

새벽 4시에 자명종이 울리고, 정신을 차리고 자리에 앉은 아들에게 연이어 전화벨이 울렸다. 아직 목이 트이지 않은 거친 아버지의 목소리였다. 아버지는 늘 아침에 늦게 일어나던 아들이 걱정되었나 보다. "일어났냐?" – 예, "기도하자" – 예, "하나님, 우리 아들이 오늘 설교합니다. 함께 해주십시오. 예수님 이름으로 기도합니다. 아멘" – 아멘, "끊는다" – 예.

전화는 간단했다. 그리고 아들은 잠시 동안 자리에 그대로 앉아 있었다. 그리고 조심스럽게 교회를 향했다. 어둠이 짙게

깔린 서울의 새벽을 걷는 아들의 걸음에는 힘이 있었다. 첫 새벽예배라는 부담도 그 교회에서 사역을 잘할 수 있을지에 대한 염려도 없었다. 아들은 품속에 아버지의 기도를 곱게 간직한 채 교회로 향했다. 그리고 하나님 앞에서 그 기도를 살며시 풀어놓았다.

그 날 아침 아들은 이제까지 그가 알지 못했던 또 다른 아버지의 기도를 알게 되었다. 경제적인 어려움보다 더 진솔하게 아들을 향한 기도를 하고 있다는 사실을 그는 그 새벽에 알게 되었다.

가나안으로 가는 길이 그렇게 쉬웠다면

가나안을 향해 떠나는 이스라엘 백성들의 광야 길은 마치 인생을 살아가는 우리들의 또 다른 모습을 보는 것 같다. 애굽의 노예생활에서 해방되어 가나안으로 향하는 이스라엘 백성들의 힘찬 함성과 함께 출발하는 모습이 눈에 그려진다. 그때 그들이 느꼈던 벅찬 감동과 기쁨이 어떠했을지도 이해된다. 그러다가 계속되는 단조로운 광야의 여정에 이스라엘 백성들이 힘들어 하는 것도 어느 정도 공감이 된다. 그러나 그들이 시시때때로 지도자를 원망하고 하나님을 원망한 사건들에 봉착하면 어떻게 인간이 이럴 수 있는지에 대한 의문을 갖게 된다. 이스라엘 백성들이 이렇게 연약하고 나약한 민족이었는 가에 대한 회의를 가져 보기까지 한다.

홍해가 앞을 막았고 뒤에는 바로의 군사가 따라 올 때 하나님께서는 홍해가 갈라지는 기적을 그들 앞에 보이셨다. 목이 마르면 물을 주셨고 배고프다고 불평할 때 이 세상에서 한 번도 본 적이 없는 하늘에서 내려 온 만나로 그들을 먹이셨다. 낮에는 불기둥으로 밤에는 구름기둥으로 그들을 보호하시고 지키셨다. 하나님은 늘 그들과 함께 하셨다.

그럼에도 불구하고 변개하고 원망하며 불평하는 그들의 모습을 보면 구조적으로 무엇인가 잘못된 인간들이 아닌가 하는 생각을 갖는 것이 어쩌면 당연한지도 모르겠다. 눈을 들어 보면 모든 것이 하나님께서 그들과 함께 하신다는 증거투성이었다. 아침에 눈을 뜨고 장막을 나서 지면에 가득히 내려 있는 만나를 바라볼 때 그들은 하나님의 손길을 느낄 수 있었을 것이며 장막 위를 덮고 있는 불기둥을 바라보고 있을 때는 누구나 다 '아 하나님이 우리와 함께 계시는 구나' 라고 느꼈을 것이다. 그러나 실상은 그렇지 않았다.

심히 유감스럽게도 그들은 참으로 무기력하게 무너졌다. 그리고 그들이 우리와 다를 바 없는 지극히 정상적인 인간이며 우리 삶도 그리 큰 범주를 벗어나지 못한다.

나의 주위에는 좋은 친구들이 많다. 어떤 친구는 이제까지 했던 익숙한 일을 정리하고 새로운 일을 시작하는 친구가 있다. 그는 자신이 가는 길이 애굽땅의 영화보다는 하나님의 백성과 함께하기 위한 고난을 선택했다며 히브리 기자가 모세를 일컫는 말을 인용하기도 했다. 분명코 경제적으로 어려운 시기에 새로운 일을 위한 도전을 시작하는 것은 엄청난 결단이다. 그러나 시간이 지나면서 나의 친구들은 흔들리기 시작했다.

처음에는 예상한 일이라고 초연한 태도를 보였지만 시간이 지나면서 점점 더 어려워지는 환경과 예전 모습과 비교하기 시작하는 주위의 시선들 그리고 정작 힘든 것은 자신마저도 확고하게 믿었던 그 가치에 대해서 흔들리기 시작한다는 것이었다. 세상의 저항은 처음 생각한 것보다 더 크고 더 힘들었으며 더 오래 지속되었다. 우리에게 주는 시련이 일시적이고 한시적이라면 누가 그러한 선택을 한 것에 대해서 두려워할까만은 세상은 여전히 냉혹한 것이다.

다시 이스라엘 사람들을 생각해 보자. 그들이 선택한 길 그들이 예상한 난관, 그리고 그들이 믿었던 하나님... 만일 그들의 용기 있는 출발에 박수를 보냈다면 냉혹한 현실 앞에서 무너지는 나약함을 나무랄 권리가 우리에게 없다는 것을 알게 될 것이다.

가나안으로 가는 길이 그렇게 쉬웠다면 함께 출발한 60만 명은 어디로 가고 왜 여호수아와 갈렙 만 가나안으로 들어갔겠는가? 처음 애굽을 출발할 때 가나안까지 하나님이 인도하시리라는 기대는 여호수아와 갈렙 만이 가진 꿈이었을까?
잠시 불어오는 모래 바람과 목마름으로 행로에 지쳐있는 친구에게 이 말씀을 나누고 싶었다. 하나님이 우리와 함께 계신다는 것 그리고 가나안으로 가는 길은 그렇게 쉽지 않다는 말도 해주고 싶다.

"우리가 사방으로 우겨쌈을 당하여도 싸이지 아니하며 답답한 일을 당하여도 낙심하지 아니하며 박해를 받아도 버린 바 되지 아니하며 거꾸러뜨림을 당하여도 망하지 아니하고 우리가 항상 예수의 죽음을 몸에 짊어짐은 예수의 생명이 또한 우리 몸에 나타나게 하려 함이라 (고린도후서 4:8-10)

그러므로 내 사랑하는 형제들아 견실하며 흔들리지 말고 항상 주의 일에 더욱 힘쓰는 자들이 되라 이는 너희 수고가 주 안에서 헛되지 않은 줄 앎이라 (고린도전서 15: 58)

어머니 생각

오랜만에 백화점에 들렀다. 예전에 아이들이 내게 선물한 몽블랑 만년필에 잉크가 새어서 수리를 맡기기 위해서였다. 몇 년 전 스승의 날, 청년들이 나름대로 나에 대한 존경심을 물질로 표현한다며 고급만년필의 대명사인 몽블랑 만년필을 선물했었다. 동료목사님들이 시기어린 눈빛으로 나를 부러워 했던 기억이 아직도 생생하다. 그러나 만년필은 그 이후 잉크가 새기 시작해서 한번 수리를 보냈는데, 또 새었기 때문에 실질적으로 제대로 사용하진 못했다. 그러나 이 만년필을 보고 있자면 이들과 함께 있다는 생각이 들고, 그들의 사랑이 생각나기에 그냥 갖고 있는 것만으로도 행복했다.

이사를 오고 적응하느라 시간을 보내고 틈을 내어 만년필 수리를 맡기러 백화점 만년필 코너에 들렀다. 담당자가 자리에 없어 5분 후에 오라는 옆 매장 아가씨의 이야기를 듣고 매장 이 곳 저 곳을 둘러보다가 아동 코너에 가서 내 아기의 신발을 하나 샀다. 매장 아가씨가 작은 검정색 구두를 권해줘서 그것을 사고 만년필을 맡기고 집으로 왔다.

"아가야, 아빠가 구두 사왔다" 아기에게 구두를 신기려고 하는데 아내가 말했다.

"집에 선물로 들어온 구두가 있는데, 왜 또 사왔어요? 다른 걸로 바꾸면 좋겠어요"

토요일 오후, 주일을 준비하는 목회자에게 토요일 오후는 너무나 바쁘다. 그날 돌잔치도 있었고 청년부 리더 MT도 있었다. 그래도 내 아기 신발을 바꿔야 한다는 생각과 이것을 미루려니 내 마음이 편치 않아 틈을 내어 백화점에 다시 들렀다.
아뿔사 토요일 오후의 교통상황을 무시한 내 불찰이었다. 차를 가지고 나가서 백화점 도달까지 엄청난 시간을 소비하고 또 백화점에서 주차하기까지 또 엄청난 시간을 소비해야 했다.

순간 내가 왜 이렇게 미련한 일을 하고 있는가라는 자책과 함께 그냥 흘러가는 시간에 대한 답답함과 뒤에 기다리고 있는 일들에 대한 부담이 차안에 있는 나를 조여 왔다. 그래도 내 아기의 신발을 바꾸러 간다는 이 숭고한 뜻(?)은 거스릴 수는 없었다. 이제 겨우 걷기 시작한 아기는 아빠가 신발을 바꾸러가기 위해 이렇게 고생한다는 것을 이해할리 만무하고 무엇이 좋은 신발인지 조차 인지하지도 못하겠지만 그래도 신발을 바꾸러가는 내 마음은 행복했다. 밀려있는 차들 사이에서 옆 좌석에 놓인 아이의 신발을 보다가 문득 어린 시절 아궁이 옆에 버려진 신발이 생각났다.

　어린 시절 난 몸이 약했고 운동을 잘 하지 못했다. 그래서 늘 학교에서 축구를 하면 수비를 보거나 시합을 하게 되면 빠지게 되는 경우도 많았다. 그래서 늘 운동 잘하는 아이들이 부러웠다. 그때 우리 학교에서는 축구화를 신고 다니는 게 유행이었다. 아이들이 주로 신었던 축구화는 바닥은 고무로 되어 있었고 위는 파란색 천으로 만들어진 축구화였다.

　아마 그때쯤 어머니가 운동화를 하나 사 주셨다. 그런데 난 축구화를 신고 싶다고 어머니에게 졸라서 축구화로 바꿔 달라고 했다. 내가 살던 시골은 장이 5일에 한번 서는데 장에 한번 갔다 오려면 약 십리 길을 왕복으로 걸어가야 한다. 그 다음 장날 어머니는 축구화로 바꿔 오셨다. 그런데 이 축구화는 아이들이 신고 다니는 것과 달랐다. 검은색에 흰줄이 그려진 가죽으로 된 축구화로 요즘 축구선수들이 신는 것과 비슷했다. 지금 생각해보면 그때 어머니가 사 오신 축구화는 당시 그 장터에서는 가장 비싼 축구화였던 것 같다. 그런데 난 그 축구화가 맘에 들지 않았다. 천으로 된 파란색 축구화 아이들이 신고 다니는 그 신발을 신고 싶었다. 조금이라도 소외되지 않으려는 내 마음의 표현이었는지 아무튼 그 축구화로 바꿔 달라고 고집을 부렸다.

그 다음 장날 또 어머니는 장에 가셨는데 지금은 희미해서 모든 걸 다 기억할 순 없지만 아무튼 축구화를 바꿔오지 못하셨다. 난 화가 나서 그 축구화를 아궁이에 던져 버렸다. 그리고 고무신을 신고 다니면서 그 축구화는 신지도 않고 거들떠보지도 않았다. 오랜 시간동안 검은 축구화 한 짝은 먼지가 쌓인 채로 이미 부서진 연탄 화로 입구에 뒹굴고 있었다.

내 아이의 신발을 보고 있는 순간 아궁이 옆에 버려진 축구화가 보였다. 여름날 땡볕에 황토 길을 걸어서 그리고 큰 강을 건너 신작로를 지나 장터까지 가야하는 그 긴 길을 걸으면서 어머니는 무엇을 생각하셨을까? 몸이 약한 아들이 사달라고 조르는 축구화를 사러가는 어머니는 어떤 마음이었을까? 축구화를 사 오실 때 어머니는 또 어떤 마음이셨을까?

주차를 하기 위해 올라가는 백화점 언덕배기 길에서 앞의 차를 응시하고 있는 나에게 어머니에 대한 그리움이 막 밀려왔다.
'아, 어머니...' 오늘은 어머니가 보고 싶다.

하나님의 선한 의도 찾기

어느 날 할아버지가 손녀에게 인형을 사 주셨다. 그런데 그 인형은 며칠 가지 않아서 부서지고 말았다. 손녀는 인형을 가지고 놀 때 인형의 발을 잡고 머리를 땅바닥에 내동댕이치면서 놀았던 것이다. 그런 모습을 본 할아버지는 손녀에게 그렇게 하지 말라고 말했다. 그때 손녀가 대답했다.

"할아버지, 이건 제 인형이예요." 할아버지가 선물로 주신 그 이후부터 이것은 자기의 것이며, 할아버지도 내가 내 인형을 어떻게 사용하든 관여해서는 안된다는 말이었다.

그날, 이 할아버지는 손녀에게 인생에 중요한 교훈을 알려 주셨다.

"애야, 누군가 네게 선물을 줄 때는 선물만을 주는 것이 아니라 그 선물을 어떻게 사용할지에 대한 선한 의도도 포함해서 함께 주는 것이란다. 할아버지는 네게 인형을 선물로 줄 때 네가 인형을 사랑하며 잘 가지고 놀기를 바라는 마음이 그 인형속에 포함되어 있단다."

할아버지는 그 인형속에 담긴 손녀를 향한 할아버지의 마음을 설명해 주셨다.

이 세상의 모든 선물은 주는 사람의 선한의도가 담겨있다. 마찬가지로 하나님께서도 우리에게 무엇인가를 주실 때마다 거기에 하나님께서 원하시는 선한 의도를 담아 주신다. 그런데 불행하게도 많은 사람들이 주신 분의 선한 의도를 무시한 채 인형을 내동댕이치면서 노는 이 아이처럼 세상을 살고 있다. 우리는 우리가 갖고 있는 지식, 재물, 권력에 대한 권한들에 대해서 다시 한번 생각해 보아야 한다. 내가 가진 것이 내 것이라고 말하기 전에 이것들을 나에게 주신 하나님의 선한 의도를 생각해 보아야 한다.

성경에는 많은 것을 가졌으나 그것을 바르게 사용하지 못해서 가진 것이 오히려 재앙이 된 많은 사람들의 이야기를 소개하고 있다. 대표적인 예가 지옥간 부자(눅 16장)이다. 그 부자는 왜 지옥에 갔을까? 예수님을 믿는 믿음이 없어서 구원받지 못했다. 그리고 믿음없는 삶은 그의 행동으로 나타났는데 그것이 바로 자신에게 주어진 재물을 자신만을 위해 호의호식하며 누리며 살았다는 점이다. 천국에 앉은 거지 나사로를 통해 물을 찍어 혀 끝을 시원하게 해 달라고 부탁했고 살아있는 동생들에게 지옥에 대한 것을 전해달라고 부탁까지 했다.

지옥간 부자의 이야기는 예수님께서 직접 해 주신 말씀이다. 그리고 이 본문에 앞서 등장하는 내용은 돈을 좋아하는 바리새인들이 하나님과 재물을 겸하여 섬길 수 없다고 말씀하셨고 너희의 재물로 친구를 사귀면 재물이 없어질 때 영주할 처소로 인도하게 될 것이라고 말씀하셨다. 그러나 돈을 좋아하는 바리새인들은 예수님의 말씀을 듣고 비웃었고 이어 예수님께서 지옥간 부자에 대한 말씀을 해 주셨다.

부자가 지옥간 이유는 하나님께서 부자가 이 땅에 사는 동안 하나님의 나라와 가난한 이웃을 위해 쓰라고 위임한 부를 자신만을 위해서 사용했기 때문이다. 우리가 쓰는 지식과 부와 권력은 하나님으로부터 잠시 위임된 권한이다. 그리고 이 권한은 한정적이다. 그러나 권력중독에 빠져버리면 한정적이라는 의미를 상실하게 되고, 하나님의 영광과 이웃을 위해 사용되도록 주어진 권한이 자신의 부와 명예를 세우는 일에 사용되게 된다.

하나님께서는 우리에게 참 많은 것을 주셨다. 건강을 주셨고 부를 주셨고 지식을 주셨다. 우리는 이것이 하나님으로부터 왔다는 것을 인정하는 태도에서만 머물러서는 안된다. 하나님께로부터 왔다는 사실을 깨닫는 것과 동시에 하나님께서 이것들을 주실 때 함께 주신 선한 의도가 있음을 알아야 하며,

그 의도가 무엇인지 깊이 묵상해야 한다.

예수님께서는 므나의 비유를 말씀하시면서 "내가 돌아오기까지 장사하라"(눅19:13)고 말씀하셨다. 우리 모두는 하나님의 청지기이다. 내가 누리는 이 모든 혜택도 하나님께서 하락하신 것이다. 어떤 사람은 좀 더 많이 받았고 어떤 사람은 좀 더 적게 가졌다. 그러나 분명한 것은 이것은 유한하며 예수님께서 돌아오실 때까지만 장사하게 된다.

어떤 사람은 악하고 게을러 숨겨두고 사용하지 않는다. 어떤 이는 위임된 권력을 자신만을 위해 임의적으로 사용하여 지옥가는 부자처럼 살고 있다. 주신 기회를 선용해야 한다. 중요한 것은 내가 얼마나 받았는가가 아니라 내가 얼마나 잘 사용했는가이다. 우리가 장사하여 영적인 이윤을 남기는 일도 주님이 오시기 전까지의 일이다. 주님의 관심은 주신 것을 더 잘 사용하여 영적인 일에 부유하길 원하시며 우리의 관심은 주님의 의도와는 상관없이 남들이 보기에 자랑할 만큼 더 많이 갖고 싶은 것이다. 우리의 모든 것은 주님께서 임시적으로 위임해 주신 것이다.

"내가 돌아올 때까지 장사하라" 이 말씀 속에 인생을 지혜롭게 사는 비결이 들어있다.

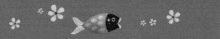